MEXICO'S DE LA HUERTA REBELLION:

A VETERAN'S CHRONICLE

By
Abel Eulalio Guerra

Edited with an introduction
by David G. Conklin

Translated by David G. Conklin

Copyright © 2021 by David G. Conklin

All rights reserved.

Permission to reproduce in any form
must be secured from the author.

Please direct all correspondence and book orders to:

David G. Conklin
965 Ranch Lane
Kalispell, MT 59901
Tel: 406-210-4989
conklind@hotmail.com

Library of Congress Control Number: 2021925575

ISBN 978-1-7362441-1-1

Printed for the author by
Moore Graphics
11200 W. Wisconsin Ave. #6
Youngtown, AZ 85363

Cover photos:
Front: *Abel Eulalio Guerra about 1924*
Back: *David G. Conklin, 2016*

Acknowledgements

First of all, I would like to thank Florencio Guerra, Abel Guerra's youngest son (and my wife's cousin), for mentioning that Abel had written a memoir. This was during my family history video interview with him (Guerra F. , 2019). But mentioning the memoir proved much easier than finding it. Finally, after two years of searching, Florencio found a copy with a distant cousin from Cuba, (Alvarez, 2017). This is the copy in the appendix of this book that I digitized from the original.

Also thanks to Abel's sons Abel Jr. and Florencio for giving me permission to interview them, capture their memories on tape, and to publish their father's memoir to add to our memories and photos of our "Tio" Abel. These recollections provided almost all of the information on Abel Guerra that did not come from official government records available in the public domain.

The format and impetus for this memoir was provided by Abel's 6th great grandfather, Juan Bautista Chapa, who in 1691 wrote the first history of the area now known as Texas (Chapa, 1997).

Also many thanks to all of my volunteer proof readers including Jessica Swanson and my wife Mary Guerra for their valuable corrections and comments.

Thanks to all of you, including Google Translate, who have provided me with your help translating and interpreting Abel's memoir, and your encouragement and interest in learning more about the lives of the Guerra family ancestors. Any errors or omissions, however, are mine alone. Please send me any corrections and additions, and I will include them in a future edition of this book.

December 2021

About the Editor

David G. "Dave" Conklin is the author of the *Montana Historic Preservation Plan* (Conklin D. , 1975), *Montana History Weekends* (Conklin D. , 2002), *The Descendants of Jose Antonio Guerra* (Conklin D. G., 2020), and other works on history. A Montana resident for more than forty years, he is a retired park ranger who lives in the Flathead Valley. Although he has B.S. and M.S. degrees in Forestry and Wildlife Management, and  an M.B.A., one of his first professional assignments was nominating historic sites to the National Register of Historic Places. As a Montana park ranger, he worked to preserve historic parks and places associated with people who made the country what it is today.

After retiring he trained as a Broadcast Journalist for the Army National Guard. He also served two years in Iraq during Operation Iraqi Freedom where he was awarded the Bronze Star during combat operations. In 2015 Dave retired again, began taking Genealogy Classes, and started work on memoirs and family histories. His works are available at major genealogical libraries in the U.S., Amazon.com, or from the author himself. He is a member of the West Valley Genealogical Society, Peoria, Arizona and splits his time between Kalispell, Montana and Sun City, Arizona.

CONTENTS

Acknowledgements iii
About the Editor iv
Introduction... 1
Chapter 1. My First Years as a Revolutionary 7
Chapter 2. Appointed as Finance & Customs Agent 10
Chapter 3. The De la Huerta Rebellion Begins...................... 14
Chapter 4. A Sea Journey & End of the Rebellion 19
Chapter 5. Escape to Honduras.. 26
Chapter 6. Starting a New Life in Cuba 31
Chapter 7. Return to Mexico 41
Chapter 8. Comments on Government Leaders 42
Glossary. Spanish Terms Used in Original Text.................... 50
Appendix. The De la Huerta Libertarian Movement (original text in Spanish) 51
Bibliography 89
Index 91

MAPS

MAP 1. *Map of Mexico and Central America showing the routes travelled by Abel Guerra from 1913 to 1934.* / 2-3

MAP 2. *Map of Honduras –Courtesy of Nations Online Project.* / 29

FIGURES

FIGURE 1. *Abel Guerra World War I draft registration card showing his requested exemption on line 12 due to working as Deputy Constable, 5 Jun 1917 –from Ancestry.com.* / 6

FIGURE 2. *Abel Guerra, about 1916 --from editor's Guadalupe Guerra Collection.* / 8

FIGURE 3. *Pancho Villa Recruiting Poster, 1915.* / 9

FIGURE 4. *Emilio Portes Gil, 1890-1978 –photo Courtesy Archivo General de la Nación.* / 11

FIGURE 5. *Adolfo De la Huerta in 1922 –photo Courtesy Wikipedia.* / 12

FIGURE 6. *General Álvaro Obregón in 1917 –photo by Harris & Ewing, Courtesy US Library of Congress.* / 15

FIGURE 7. *In the 1920s and 1930s United Fruit Company "Banana Boats" like this one cruised the Caribbean between Honduras, Cuba, Mexico and United States ports –photo Courtesy of theendofhistory.net.* / 23

FIGURE 8. *President Obregón's Mexican artillery shells De la Huerta's rebel army in February, 1924 –photo Courtesy US Library of Congress.* / 25

FIGURE 9. *Main railroad station in La Ceiba, Honduras in 1920 –photo Courtesy Wikipedia.* / 27

FIGURE 10. *Cuban sugar mill picture on a 1909 Francisco Sugar Company $1000 bond –Courtesy of scriptoworld.com.* / 35

FIGURE 11. *Cuban sugar cane harvest picture on a Francisco Sugar Company stock certificate –Courtesy of cubacollectibles.com.* / 35

FIGURE 12. *Acknowledgement of Abel Guerra's Mexican Revolution service, 1954 –from editor's Guadalupe Guerra Collection.* / 45

FIGURE 13. *Fidel Velazquez Sanchez, 1900-1997 –photo Courtesy of biografiasyvidas.com.* / 47

+++

Introduction

THIS book is the first English translation of Abel Guerra's *De la Huerta Libertarian Movement* memoir, which details his experiences during the years 1913 to 1934 as a war veteran, assistant to Mexico's Secretary of Finance and Public Credit, and later as an exile. I have included photos, maps, and documents provided by Guerra's family. These and other sources are provided to help the reader understand the issues he faced in Mexico and the United States at that time as an eyewitness and a veteran of the Mexican Revolution, 1910 to 1920, and ensuing civil wars of the 1920s.

Book Format
This Introduction provides the context of the memoir, including a brief look at the Mexican Revolution and the life of Abel Guerra. The translated text is divided into chapters by timeframe to make it easier for the reader to follow the action. However the appendix is a digitized version of the original untranslated Spanish text of Guerra's typewritten memoir which he completed in 1978.

Otherwise I have tried to preserve the layout of the original Spanish text in the English translation including font, capitalization, and sentence structure where logical, so the reader can more easily compare Spanish to English. Where a Spanish word or phrase has more than one meaning, I have chosen the English word that best matches the meaning of the Spanish text in that situation. Brackets [ ] are used where I have added text as necessary to correct the word flow, or to explain or identify a phrase. Finally, a list of Maps, Figures, Glossary, Bibliography and Index are provided.

2 Mexico's Huertista Rebellion

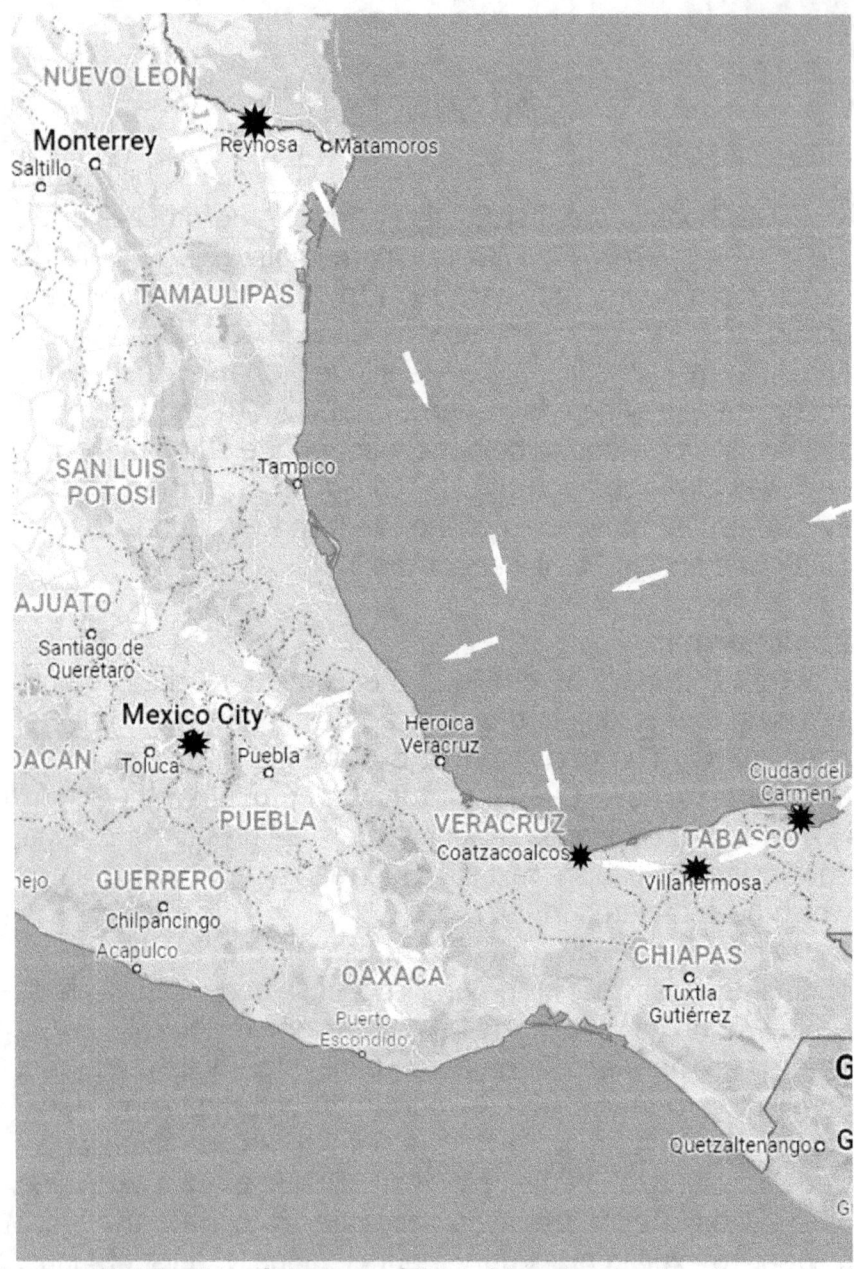

MAP 1. *Map of Mexico and Central America showing the* →

A Veteran's Chronicle 3

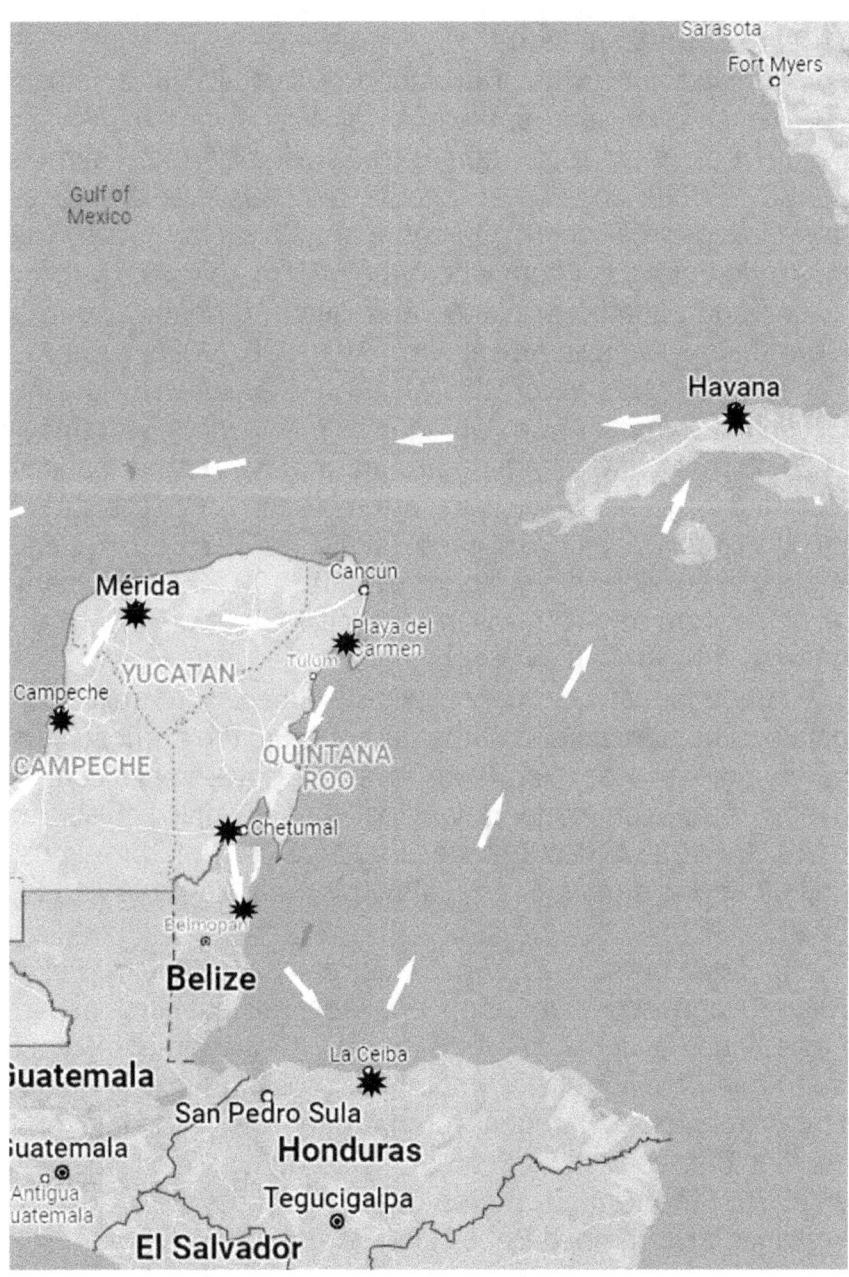

→ *routes travelled by Abel Guerra from 1913 to 1934.*

The Mexican Civil Wars

During the Mexican Revolution of 1910-1920, a radical new constitution was passed in 1917, and in 1918 Álvaro Obregón resigned as General of the Federal Army. Then on April 22, 1920, the three Sonoran generals, De la Huerta, then-governor of Sonora; Obregón; and Calles formulated the Revolution of Agua Prieta where the military, backed by labor unions and Zapatistas, ousted and killed President Carranza (Jowett, The Mexican Revolution 1910-1920., 2006, p. 9).

The formal end of the Mexican Revolution with the election of General Álvaro Obregón as president in September 1920 did not bring all fighting to an end. As in other nations following large-scale civil wars, attempts to reduce the size of the postwar army proved problematic. In 1920 the Federal Army had swollen to a strength of some 100,000 men, many of whom were semi-controllable irregulars. President Obregón reduced it by 40,000 over two years.

Although many ordinary Mexican soldiers were more than happy to be demobilized in the early 1920s, their officers had much more to lose, and, with levels of government control over regional commanders varying, many simply refused to retire. By 1923 officers made up 20 percent of the almost 80,000-strong army (Jowett, Latin American Wars 1900-1941, 2018, p. 10).

In December 1923, Abel Guerra's boss, Adolfo De la Huerta, launched a rebellion and Abel joined him, in part protesting President Obregón's Bucareli Treaty, an agreement that attempted to resolve important issues in Mexico–United States relations. Obregón returned to the battlefield and crushed the rebellion by February 1924. In his victory, he was aided by the United States with weapons and 17 U.S. airplanes that bombed De la Huerta's supporters.

Biography of Abel Guerra

Abel Guerra was born a U.S. citizen and grew up on Rancho El Colorado in what is now Guerra, Texas (Conklin D.

G., 2020, p. 67). According to his son Florencio, by the time he was 17 years of age Abel really wanted to study English and learn how to run a business, so in 1913 the family talked his uncle Diodoro, who was opening the Guerra & Sons grocery store in McAllen, Texas into hiring him so he would be able to go to school in McAllen. He started as a delivery boy in this border town and his uncle allowed him to sleep in the back of the store and work after school (Guerra, F., 2019).

Abel probably would have remained in the Lower Rio Grande River Valley with its large Hispanic population if it had not been for world events. The first was the beginning of the Mexican Revolution in the fall of 1910 followed by the outbreak of World War I in 1914. As required, Abel registered for the draft when he was 21 years old in June 1917. But some sources say that his Uncle paid off the draft board to have Abel switched with one of his own sons and be drafted first.

So Abel decided that rather than being forced into conscription, he would go to Mexico, and ended up fighting in the Mexican Revolution instead. According to his son, "He had some friends on the Mexican side and he crossed the border. They went to the Revolution, these guys, and he went with them to get out of this area" (Guerra F. , 2019).

During the Mexican Revolution, Abel became a Colonel under General Tiburcio Garza Zamora. At one point some sources say that Abel was engaged in providing weapons and ammunition. Abel's niece Mary Guerra remembers her father telling her the story of his older brother, "Abel was running guns across the border and he wanted Daddy (Guadalupe) to help him and he goes 'Nooo. I'm taking care of the children and if I get caught who's going to take care of the children?'" (Guerra J. , 2019).

Apparently after things had settled down a bit, in 1923 Abel Guerra decided to go back to Mexico, and soon got a job with the Customs Bureau in Cozumel on the Yucatán Peninsula. The Bureau was under the Secretary of Finance

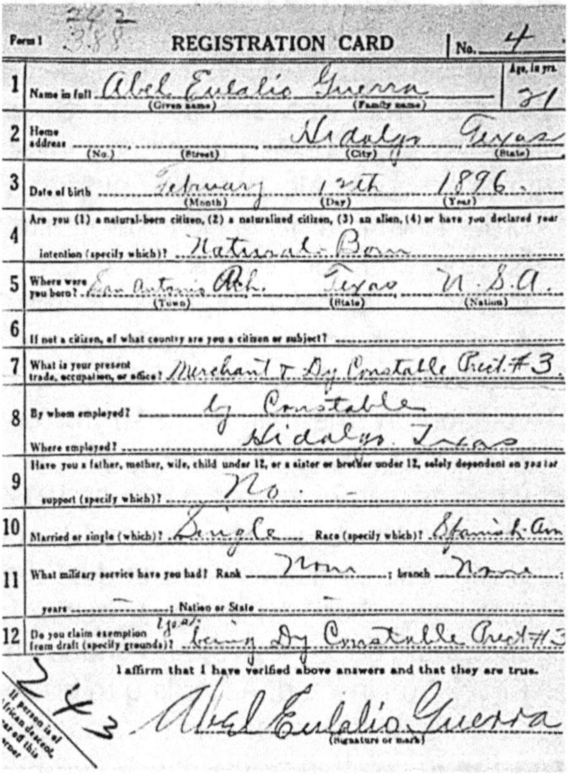
Form 1 REGISTRATION CARD No. 4

1 Name in full Abel Eulalio Guerra (Given name) (Family name) Age, in yrs. 21

2 Home address .... Hidalgo Texas (No.) (Street) (City) (State)

3 Date of birth February 12th 1896. (Month) (Day) (Year)

4 Are you (1) a natural-born citizen, (2) a naturalized citizen, (3) an alien, (4) or have you declared your intention (specify which)? Natural Born

5 Where were you born? San Antonio Bch. Texas U.S.A. (Town) (State) (Nation)

6 If not a citizen, of what country are you a citizen or subject?

7 What is your present trade, occupation, or office? Merchant & Dy Constable Prct #3

8 By whom employed? by Constable
Where employed? Hidalgo Texas

9 Have you a father, mother, wife, child under 12, or a sister or brother under 12, solely dependent on you for support (specify which)? No.

10 Married or single (which)? Single Race (specify which)? Spanish Am

11 What military service have you had? Rank None; branch None; years —; Nation or State —

12 Do you claim exemption from draft (specify grounds)? Yes being Dy Constable Prct #3

I affirm that I have verified above answers and that they are true.

Abel Eulalio Guerra (Signature or mark)

If person is of African descent, cut off this corner.

FIGURE 1. *Abel Guerra World War I draft registration card showing his requested exemption on line 12 due to working as Deputy Constable, 5 Jun 1917 –from Ancestry.com.*

and Public Credit, who at this time was Adolfo De la Huerta, Mexico's former interim President in 1920 before Álvaro Obregón was elected (1920-1924) (Machado Jr., 1972).

When Abel's boss, De la Huerta, launched the "De la Huerta" rebellion in 1923, Abel joined him and paid the consequences. President Obregón soon crushed the rebellion and ordered that all rebel officers captured above the rank of Major be executed (Jowett, Latin American Wars 1900-1941, 2018, p. 10). So by 1924 Colonel Abel Guerra, forced to flee

Mexico, became an exile in Belize, then Honduras, and finally Cuba.

When Abel returned to Mexico in the 1930s he established a successful pharmaceutical business with Paul Lewis and PABTS Laboratories. He also started a pet food business in Mexico called Nutrican. Then he got into real estate, bought a home in Cuautla, and later as his son remembers, "We moved to Tlalpan outside of Mexico City and bought a house" (Guerra F. , 2019). After he retired, Abel lived between Mexico City and Texas where his sons live today. Many of Abel's descendants still live in Mexico.

+++

Chapter 1. My First Years as a Revolutionary

[THIS memoir is written about my] actions as a Veteran, today an octogenarian, during the Libertarian Movement of De la Huerta, which Adolfo [De la Huerta, Mexico's Interim President, 1920] started in 1923, against that cunning murderer [Mexico's President 1920-1924, Álvaro] Obregón. I, at 82 years of age, maintain [my] health and all my faculties, demonstrated by personally narrating on my old [typewriting] machine, the events that occurred during my last revolutionary action more than half a century ago.

In 1913, when I was 17 years of age, I abandoned my studies and comforts [in McAllen, Texas] to join the Constitutionalist Revolution [in northern Mexico] under the immediate orders of General Lucio Blanco and we were among the first to distribute among the peasants the huge

FIGURE 2. *Abel Guerra, about 1916*
–from editor's Guadalupe Guerra Collection.

estates that existed in Tamaulipas, Nuevo León and Coahuila. Today there are new large estates, but they already belong to the sons or grandsons of the authentic Revolutionaries who, with rare and notable exceptions, try to capitalize on the merits and sacrifices of their fathers and grandfathers.

Soon I will finish my detailed rendition, with the hardships and battles fought during those years, when we first took up against the traitor Victoriano Huerta [Mexico's dictatorial President 1913-1914]; while already being part of the staff of my General Raúl Madero, when the Northern Division advanced from triumph to overwhelming triumph. Today I will focus on narrating my actions in detail from when the most

FIGURE 3. *Pancho Villa Recruiting Poster.*

honest and patriotic Mexican (Adolfo De la Huerta) gave me his friendship and trust.

In 1915, upon seeing the division between [Venustiano] Carranza and General [Pancho] Villa, Chief of the Northern Division, I preferred to go to back to the United States where I suffered some hardships and worked a lot, but I always set aside a few hours to study the English language, which I finally managed to master with the same ease that I speak and write our own language, and which has favored me in successfully fighting my way through the course of my life.

In 1917 I returned to Mexico and joined the staff of General César López de Lara, who was later elected Governor of Tamaulipas. I continued working in his team, but in 1920, due to the Tlaxcalantongo disaster [the assassination of

Venustiano Carranza, Mexico's President 1917-1920] I again fled to the U.S.

+++

Chapter 2. Appointed as Finance & Customs Agent

IN 1923 I returned to Mexico completely in a state of mental uncertainty. I interviewed with the then Deputy [of Finance Emilio] Portes Gil, [Mexico's future provisional President 1928-1930], who was preparing his campaign for Governor of Tamaulipas and he introduced me to his colleague, Mr. Valderrama, Senior Finance Officer, and asked him for a position for me as Customs Administrator in a Customs Office in Tamaulipas.

Mr. Valderrama told him that there were no vacancies in Tamaulipas Customs, but that he could remove the Reynosa Administrator by giving him another commission and he would appoint me as Reynosa Customs Administrator. My answer was immediately negative. I told them that although I was the sole breadwinner for my orphaned brothers, I would never harm anyone for my personal ambitions.

My attitude reached the ears of the Secretary of Finance, Adolfo, and he decided to call me. His first words of hope and encouragement will last in my ears and in my heart as long as I live:

FIGURE 4. *Emilio Portes Gil, 1890-1978*
–photo Courtesy Archivo General de la Nación.

Young friend, he told me, I congratulate you for your correct attitude when they proposed changing the administration of the Reynosa Customs to the detriment of the current Administrator. Men like you are the ones that Mexico needs; but unfortunately they do not abound. You have my sympathy and you can count on my friendship. I have ordered your appointment as my Confidential Agent (Auditor who reports directly to the Secretary of Finance).
Your military rank of Colonel is very respectable, especially since you earned it for your valor in battle and your sacrifices. But your conduct and your ability deserve a greater reward. As soon as possible go out and inspect the Southeastern Customs offices, and report to me any immoral Administrators, without any regard for the criminals.

Twelve days later I went to Veracruz to continue to the Southeast and stayed in the port for ten days waiting for the

FIGURE 5. *Adolfo De la Huerta in 1922 –photo Courtesy Wikipedia.*

departure of a ramshackle ship which made one trip per month to bring official documents and money to Payo Obispo [now Chetumal on the border of Belize] so that the Governor of the Territory could cover the staff salaries and other expenses, etc. This old ship made stops at Isla del Carmen, Villahermosa, Frontera, Progreso, Cozumel, and Payo Obispo. When monthly dates (frequently) did not comply with that ship's only trip, the employees of the Territory logically suffered hardships. Such was the deficiency of the service and the backwardness of the Territory at that time (1923).

In the town of Campeche I found an embezzlement of 200,000 Mexican pesos. The Administrator was one Brigadier General Carlos Estrada, and he offered me 50,000 Mexican pesos if I did not report him to his superiors. My refusal angered the thieving general who cynically told me that he was my superior and I owed him respect, etc. etc.

His stupid display of superiority was his downfall and so without another thought I proceeded to write my report directly to the Secretary of Finance. Then I found out that they could not process it because he was protected by [President] Obregón. Thieving officials don't get punished today either, because someone mysteriously protects them. The only difference is that in those days the salvos [sudden aggressive acts] were only 50 thousand Mexican pesos, while today they are at least 50 *million*. Poor Mexican homeland!

The laborers have improved their salaries [yet] they do not improve more or exceed themselves due to their lack of preparation and their vices. But the poor peasants, whose grandfathers were really the ones who truly risked their lives and fostered the victory of that (authentic) revolution, remain in the most dreadful and sad misery, because the false agrarian leaders shamelessly rob the millions intended to help them.

And what's worse and risks the danger of converting the country into a second Cuba, [is that] for years these leaders have been instilling Marxist ideas and promoting "Parachuting." The moment the small landowner is ready to harvest his crops, the "parachuters" take over his land and squander the harvest. That's how they've been killing real agriculture year after year!

I continued working to fulfill my special commission and in Cozumel I found another embezzlement, although a smaller amount. But I reported it to the Administrator and Adolfo De la Huerta ordered me to take charge of the Customs Office until further notice.

Little by little I was becoming acclimated to that region whose customs are completely different form our northern customs. Every month I would inspect the Captain of the Garrison of the town, by order of the Minister of Finance, and he was friendly with me and very respectful. Socially, there weren't more than a few families. The women who taught secondary school were mostly from Mérida, along with about ten or twelve male teachers, six of whom would later join my forces.

+++

Chapter 3. The De la Huerta Rebellion Begins

FIVE months later a Mr. Miguel Cortez Ordóñez arrived in Cozumel. He came (confidentially) on behalf of Adolfo De la Huerta to warn the Customs Administrators [and the] personal friends of De la Huerta, because he had already distanced himself from the dictators [Mexico's President 1920-1924, Álvaro] Obregón and [his hand-picked successor Mexico's President 1924-1928, Plutarco] Calles, and had indicated the 12th of December (1923) as the day to start the movement [rebellion] against these rulers.

Effectively, on the appointed date and with Adolfo De la Huerta already settled in Veracruz, General Guadalupe Sánchez who was the Area Military Commander, declared himself in rebellion against "El Manco," the one-armed man [President Obregón]. General Enrique Estrada did the same in Jalisco as did many other Area Commanders who altogether commanded more than 50,000 disciplined armed men. Such was the drive and the military advances that Obregón was already preparing to abandon the Capital [Mexico City].

FIGURE 6. *General Álvaro Obregón, "El Manco" the one-armed man, in 1917 –photo by Harris & Ewing, Courtesy US Library of Congress.*

Unfortunately, our shortage of ammunition and money to buy ammunition, as well as cash to pay the troops put us at a great disadvantage. Obregón with his usual cunning, took advantage of our interruptions and his troops fought well, sure of our lack of munitions and money to acquire them. Napoleon said that to win a war you need money, money and more money. We were sorry to prove it.

General Juan Ricardez Broca was named by Adolfo De la Huerta as Governor and Military Commander of Yucatán; General Atanasio Rojas as Governor of the Quintana Roo Territory. I, as a Military Commander and Customs Administrator, was our only source of income through exporting chewing gum resin and precious woods like cedar and mahogany, but there were months that we didn't even collect enough to cover 50% of our salaries.

[My story] would not be correct if I suppressed a reprehensible act that I committed in Cozumel when I was the Military Commander and simultaneously the Customs Administrator. As I said before, [export duties were] our only source of income to partially alleviate our hardship [so I used this] income. [Even so,] some months we did not receive [enough] export duties for gum resin and precious woods to pay even half of the floor [base wages] of the Customs employees and troops.

Office work at Customs ended on Saturdays at twelve o'clock. One Saturday [morning] at eleven o'clock the Captain of a Norwegian ship transporting gum and mahogany arrived. As he had already paid the export duties, he only needed permission to leave the port and whose permission should be authorized by me, who also served as Port Captain. I did not receive a salary from any of these three important positions because I gave preference to small payments to my subordinates.

A small office twelve blocks away from Customs was in charge of typing requests for permits to leave the port. The Captain of the Norwegian ship presented me the document application for permits at eleven o'clock. On reviewing it I found that it had two insignificant errors like "s" instead of "z" and "c" instead of "s," and I, instead of correcting them, simply told the Captain to come back and make a correct request.

The Captain of the ship told me, prudently, that if he was delayed in making the new document and he arrived at Customs after the office had been closed, he would stay in the port until Monday and it was very harmful for him to pay the salary of its crew two days without any benefit. "Well, I cannot receive this request with those errors," I told him. The Captain left to have a new request made for him and when he returned the office was closed. The Captain was forced to stay in Port and pay the salaries of his crew both Saturday and Sunday.

On Monday the Captain returned to my office with the new request and did not comment or complain. I [finally] authorized the ship's departure and I confess that my conscience pained me because [I should have] instead facilitated his request in gratitude for the export duties that alleviated our shortage of money. I was so rude and unfair to him that even today, more than half a century later, I remember among all the acts of my life this one with shame and my own reproaches for this improper behavior. Shortly after this, we were attacked and defeated in Payo Obispo and in [future] pages I relate my adventures in Belize and Central America.

I sent Captain [Heraclio Vivas] who was the former chief of Cozumel with eighty men to Tabasco. I stayed with three hundred plus the Customs employees and Customs Guard. As we did not have radio communications, we were ignorant of the course of events. With a thousand sacrifices we installed a wireless tower and, although with shortcomings, we managed to intercept some messages from the enemy, whose news reports were unfortunately fatal to our cause.

So I repeat, the lack of ammunition and money to pay the troops and all the other expenses of such a major movement caused demoralization and desertions. In the meantime the "Obregonistas" had both things through a loan that "El Manco" the one-armed man [Obregón] received from the United States, even obtaining several Yankee Planes and Pilots (Bitter Truth!) (Jowett, 2018. p.10).

The Cozumel Customs depended on three sections or branches, namely: Isla de Mujeres, Puerto Juárez, and Cancún, where there was only one Lighthouse Guard to whom groceries were sent five times [a month] in the little boats that we had on duty for that purpose at customs. Such was the delay in those routes in 1923! My surprise was indescribable when half a century later I went as a tourist and

I found beautiful and comfortable hotels and the most modern and expensive airport, as well as luxurious palaces built by later Presidents (Gods of Mexico) in Cozumel, Isla de Mujeres and Cancún. Our beloved Mexico has advanced in such a wonderful way, but unfortunately the bad habits progress at the same speed in an irrepressible and dangerous way for future generations.

The Obregonistas recovered town after town which we De la Huertistas had taken by surprise. When they took Villa Hermosa, General Juan Ricardez Broca, [the rebel] Governor and Military Commander of Yucatán, who had few troops and even less ammunition, decided to evacuate [his troops from] the town. He went with his assistant Captain X Yucotéco to Puerto Cortéz, Republic of Honduras, Central America, but Lt. Colonel Eladio Hernández preferred to meet with us in the Territory [of Tabasco]. With 400 soldiers and the Mayan Indians (infantry) they risked crossing the territory of Quintana Roo with the little ammunition they had. Of course, of the 400 men who started the march, only 180 men arrived—alive but shattered.

When Obregón's troops took possession of Mérida and communicated that to Mexico, they were ordered to follow us across Quintana Roo and finish us off. We intercepted this message and my improvised officers (teachers) panicked because resisting was a five-to-one suicide without ammunition, [and Obregón's troops] had it in abundance. But I was determined to resist and naturally inevitably succumb. Again my lucky star [saved me].

I received orders to go and reinforce the town of Payo Obispo with all my elements. But with three hundred men plus the Customs employees and Guard, we could not all fit in the three small Customs boats. But again my good luck. In the evening the ship San José arrived, belonging to the Chiclera Company owned by Calles and partners. I told the Captain that I needed the boat and we would leave at six the next day, but no matter how vigilant we were the Captain deserted.

I ordered the Captain of one of our boats [Captain Heraclio Vivas] to take charge of the San José, and thus we managed to transport all our people to Payo Obispo where they waited for us full of hope and enthusiasm.

The troop contingent was increasing but we lacked the main items, ammunition and food, without whose attributes our sacrifice was useless. The Administrator and Accountant of Payo Obispo Customs had deserted and taken refuge in British Honduras [renamed Belize in 1973 after its independence from Great Britain], as well as a large part of the Customs staff. I took charge of Customs with the Cozumel staff who had accompanied me and we accomplished two exports of chewing gum resin and cedar to New Orleans and with [the money from] that collection we sustained ourselves for more than a month at half salary. But food was still scarce because nobody imported logically and [as a result] general demoralization spread.

+++

Chapter 4. A Sea Journey & End of the Rebellion

ONE day General Rojas asked me if I would dare cross the Gulf of Honduras on the yacht that the former Obregonista Governor used for his trips in the Bay. When I asked him about it he told me that our General Ricardez Broca had taken refuge in Puerto Cortez, Honduras and that maybe I would be able to [go there and] convince him to come here and take charge of the people commanded by Lt. Colonel Hernández, who had crossed the territory of the Mayan Indians. If so the three Chiefs could resist the Obregonistas with a greater probability of success.

The yacht had only one engine and had no sails [for backup] defense on the high seas. But I took a risk because it was my duty and always with the hope of reinforcing our forces. We left at midnight so as not to arouse suspicion since desertions were the order of the day. The yacht's crew was a black Captain from Belize and three Mexican sailors. We sailed that night, the next day, and the next night until two in the morning when the engine crankshaft broke. The anchor did not reach the bottom and the current carried us a long way until the anchor sank. At dawn we took turns with the binoculars to see if we could see a boat to tow us, but we only saw sky and water.

About twelve o'clock the Captain shouted that a black lump was visible and that it seemed to enlarge as it advanced towards us. In fact, shortly after, a little boat with oars arrived at our yacht, piloted by one of those inhabitants of the thousand Islands or Cays as they call them and that perhaps their ancestors belonged to the English pirates of that time. Their dialect resembled English. Luckily I understood and he told me that for fifty dollars he would take us to Puerto Cortez to try to fix the damaged part. I arranged for the engineer to accompany me and the Captain remained in charge of the yacht. We barely had food and water for six days. I told the engineer to put two life jackets on the boat, but the islander objected. He said the best lifeline was to keep your balance. The boat was one and a half meters wide by five meters long with oars and a one meter high blanket sail.

We barely fit the three of us. But there was a favorable breeze blowing and the sail was enough [to push us along] to the point that when the waves came they seemed to swallow us up and when they passed it gave the impression of diving. When we could see the coast, a lack of breeze or "chicha" as the sailors call it slowed us and we were forced to row. I began rowing and rowed until my hands were blistered. The engineer followed me and finally the islander until we reached the small town. The islander collected his fifty dollars and returned.

We tried to go to a hotel, but there was no hotel in Puerto Cortez. There was only one Chinese inn (and small restaurant). We went to the inn and a Chinaman told us that they only had a moderate room with two beds (ramshackle and dirty, full of bed bugs). I told him we would take the room and I asked him if a tall, white fat man ate there, and he said no. We settled in the little room and when we went down to dinner we surprised our General Ricardez Broca at one of the tables accompanied by his assistant Captain X Yucotéco.

I did not know him personally and it occurred to me to greet him with a "good evening my General" and he did not answer me. I repeated the most direct greeting and then he asked me if I was addressing him and that perhaps I was mistaking him for someone else. "No, my General," I said. "I am Colonel Guerra and I come on behalf of my General Atanasio Rojas, Governor of Quintana Roo, to invite you to accompany me to lead his 23rd Regiment that arrived in Payo Obispo under the command of Lt. Colonel Hernández." Faced with such evidence, he no longer continued to refuse and invited me to sit at his table, and spoke to me in the following way:

> Look at you, comrade, he told me. You defend a just cause and it is admirable how you fight with faith, without omitting sacrifices. I also fought for that same reason. But unfortunately they involved me in the shooting of [Felipe] Carrillo Puerto and his companions and I am sure that the socialists of the Southeast will persecute me by land and sea until they kill me. Colonel Rodríguez, a personal enemy of Felipe, was my second, who took advantage of my absence to commit this outrage, disobeying [Adolfo] De la Huerta's orders. Adolfo De la Huerta sent me a message ordering me to send the prisoners to Veracruz

and treat them with the utmost respect. But Colonel Rodríguez took advantage of my absence (I had gone to Campeche) and hastened the execution, disobeying Adolfo De la Huerta's orders. Naturally, they hold me responsible for being the Governor and Military Commander of the State, and they will not forgive me.

"I believe and I lament your situation, my General," I said. "But with all the more reason I insist that it is better to die fighting rather than expose yourself to die assassinated without being able to defend yourself." Finally he accepted and then the problem was how to transfer us to the yacht on the high seas.

Luckily, a Barge arrived with cargo from Belize and I took the opportunity to hire it. I was told that since they were passing through his route, they would charge me [only] thirty dollars to take us. The crew consisted of the Captain and three six-foot-tall sailors, all black. I thought that if they suspected that we were revolutionaries and had money, they could very well throw us into the sea, sure that no one would find us. But I kept the idea to myself to not alarm my comrades and especially General Ricardez Broca whose nerves were destroyed. I confess to having misjudged them. I don't remember in my whole life having received greater attention, with humility, than what these blacks gave us on the way.

We arrived at the yacht and one of the crew was a mechanic who helped replace the part and start the engine. When I paid them the thirty dollars the Captain asked me if our course was Belize, and if so they would guide us there. I gladly accepted and confessed that we were military officers in Payo Obispo and we were heading there. Upon arrival in

FIGURE 7. *In the 1920s and 1930s United Fruit Company "Banana Boats" like this one cruised the Caribbean between Honduras, Cuba, Mexico and United States ports –photo Courtesy of theendofhistory.net.*

Belize we hugged goodbye and continued our trip to Payo Obispo.

I suggested to General Ricardez Broca that he harangue the troops to lift their spirits. But he asked me to do it because he felt depressed and without aspirations for anything. So it was my turn to harangue the men, and although a few cheers for our cause resounded, I am sure that my words of encouragement when announcing the arrival of their General Ricardez Broca gave them the effect of an injection to a corpse. Such was the situation in those days.

I had my Headquarters in the Customs Building and there I set up General Ricardez Broca who spent fifteen days sleeping and did not go out except to eat what we brought in. Suddenly, General Ricardez Broca visited me and said the following, "Partner, I feel very bad and I hinder you here instead of helping you. If I ask General Rojas what I beg you to do in my favor, I am sure that he will not deny it because you have influence over him and you will convince him with reasoning."

I understood that if I did not intervene through the friendship that united me with General Rojas, [Gen.] Broca would have to talk to him in person and expose himself to be court-martialed for desertion from the enemy since we already knew that the Obregonistas were in Cozumel and they were heading to Payo Obispo. I decided to discuss the matter with General Rojas and he asked me for my personal opinion. I told him that it was obvious that this man (Gen. Broca) was dead while he was alive and was hindering us instead of helping us. "What do you think [we should do] Colonel Guerra?" said Gen. Rojas. "Well," I said, "We could make him a commissioner (notionally) somewhere far from Payo Obispo and thus he will not appear as a deserter." "Well," he said, "You dictate an official letter in the manner you want and I'll sign it, and have him leave immediately."

In order to complete the task I ordered Captain Heraclio Vivas, the 20-year-old native of Cozumel who skillfully led the ship San José [to Payo Obispo for us] to take this dead man alive to some Cay or Island where he could hide as he wished. I called the Captain aside and told him that I was going to give him the grace to save his life with honor:

> We already know that the enemy is in Cozumel and they will attack us at any moment with the certainty that 90% of us will die in the fighting. You will be saved, with honor, through the commission I am entrusting to you, and I hope you will fulfill your loyalty to our cause. If by the time you return (be prudent about when to return) the enemy is already in authority in Payo Obispo, immediately go back so that you do not fall under the power of those assassins.

Indeed, five days later we were attacked on two fronts, by sea and by land. We barely resisted three hours because we lost all our ground and half of our people. Three officers were taken prisoner and shot "hot" [by firing squad] (Jowett, 2018. p.10). The troop joined the Obregonista forces. Some officers, the Governor [Gen. Rojas], and I managed to cross the Rio Hondo in makeshift boats and took refuge in Belize. But since his Majesty King George V of England maintained diplomatic relations with the Obregón government, they put us in the military jail, supposedly for having violated the laws of neutrality etc. etc.

FIGURE 8. *President Obregón's Mexican artillery shells De la Huerta's rebel army in February, 1924 –photo Courtesy US Library of Congress.*

+++

Chapter 5. Escape to Honduras

AMONG the Belizean military leaders there was a Major, all black, with whom I had a very good friendship while I practiced English and admired the indisputable English discipline in general. I took advantage of my friendship with this military commander and I managed to get him to arrange for our freedom because in reality there were no crimes [committed in Belize]. They released us but on the condition that we leave Belize within thirty days without any extensions.

I took advantage of the first opportunity and went to [the north coast town of] La Ceiba, Republic of Honduras, Central America. According to reports the [American-owned] United Fruit Company (UFC) owned half the country and grew the best bananas and pineapples for export. Even the Railways of that region were owned by the Company (Jowett, Latin American Wars 1900-1941, 2018, p. 4). I did not have a passport or identification documents, but when I applied for a job in the [UFC] Administration in correct English and submitted to tests in the same language, it advantageously replaced the passport. I got a good job with a great (dollar) salary. In the Administration there were 56 employees, mostly Yankees, and we more or less harmonized socially in their system and environment which was the only one that existed there.

One Friday, eight months after my link-up with [UFC], my office colleagues invited me to vacation [with them north of La Ceiba] on the Island of Utila, a health resort that in the time of the pirates belonged to England, but for years now it has belonged to Honduras. [An interesting] circumstance was that the five thousand inhabitants of the Island continued to be of English origin and the schools, Methodist Churches

A Veteran's Chronicle

FIGURE 9. *Main railroad station in La Ceiba, Honduras in 1920 –photo Courtesy Wikipedia.*

(there were no Catholic Churches), shops, etc. were English speaking. There were only five Honduran policemen and they all spoke English, adapted to the environment.

Our group of twenty companions left in a small ferry and an hour later we arrived at the aforementioned island. We settled in one of the two hotels that existed. From the first, the daughter of the hotel's owner and I became friends, a friendship that grew during the days of the vacation on that beautiful and luscious island.

The Island of Utila is thirty kilometers wide by about eighty long according to reports from the inhabitants. It is very rich in vegetation and there are very good cattle and a variety of delicious fruits that are sold to Belize and other commercial places. There are (were) cattle breeders who also have fruit trees at the same time. [The wealthy farmers] send their children to be educated in England. The middle class send them to New Orleans, and the less well-off study in Belize because it is close and naturally more economical. The [children] return, one after the other, educated and with the social refinement of the schools where they studied. But upon their return, locked up on the island, they long to deal with civilized men of their own social category. I had informed myself of everything in detail during my vacation there.

When we went to settle the hotel bill, I noted with satisfaction that the hotel rate was 50% cheaper than in La Ceiba. So I did calculations of my savings and found that I had enough savings to pay for eight months in the hotel, and as I needed a real rest after the vicissitudes and privations during the revolution, I decided to stay and sent my resignation with one of my colleagues.

During my stay in the United States I learned some songs in English and some of the modern dances of the time in such a way that I easily captured the sympathies of the young ladies and their relatives. A weekly magazine was published [on the island] which first commented that the mysterious stranger showed respect for the laws and customs of the locality and day after day gained friendship and affection for his chivalry.

Indeed, in the morning I accompanied a group of friends to one of the churches and in the afternoons to the other church. At that time there were no radios or cinema in the town. But at night we would meet and dance with a modest orchestra made up of accordion, violin and guitar, played by the girls. On Sundays [the inhabitants] organized a day in the countryside and everyone had a picnic lunch to liven up the walks with splendor. Sometimes we cruised down a narrow but very mighty river and in passing savored oysters that we caught along the river bank. It was a pleasure to just rest after the struggles and dangers overcome with too much luck. I am very fortunate.

One day the word spread that a cargo ship owned by the hotel owner had arrived on Utila and that a black captain who worked on commission came to make a liquidation. I was in the lobby of the hotel talking with the owner and his daughter

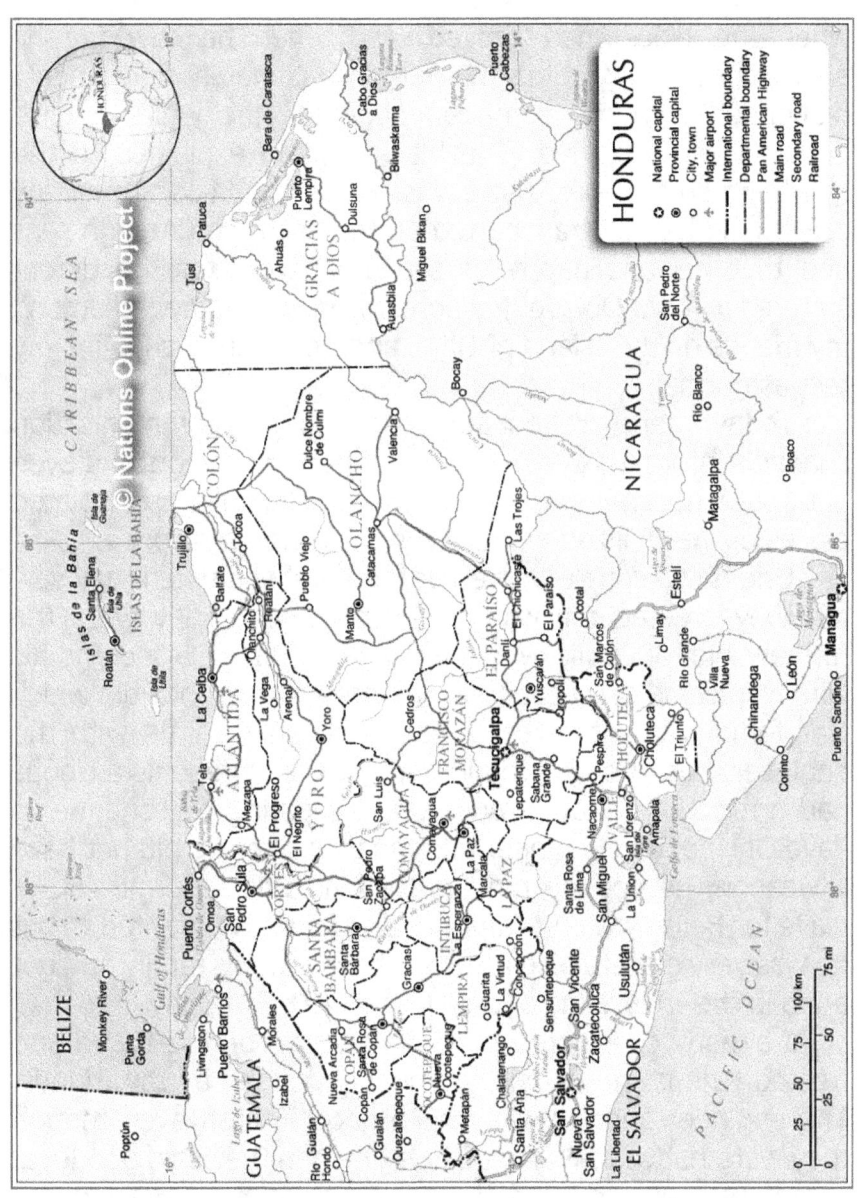

MAP 2. *Map of Honduras –Courtesy of Nations Online Project.*

when the black man arrived, and when he saw me he approached and greeted me very affectionately and when I responded with the same affection, all the white English people were ashamed. The black captain explained to the hotel and ship owner that I was one of the Mexican military chiefs who he had transported on the yacht on the high seas and that he was happy to see me alive after the defeat suffered in Payo Obispo. My bonds were strengthened among my friends on the Island of Utila, and I continued enjoying my rest as normal.

Today there are no surprises. Modern communication channels inform us every minute about world events and even anticipate upcoming events. But in 1924, in those isolated places of the civilized world, everything was a surprise.

One day a couple arrived at the hotel and when they saw me they greeted me with an effusive hug. They were the former Chief of Public Works Engineer in Payo Obispo and his wife who came on vacation to the health resort of Utila which was famous in that area. I had dealt only a little with the engineer, but when we found out that the Obregonista troops had arrived in Cozumel and were preparing to continue to Payo Obispo, this Engineer told me that since he did not have a weapon, he begged me to give him official permission to leave for Belize with his family and in fairness I granted it, but he was very grateful. He returned later with his family and got a job in the fruit fields of the United Fruit Company.

I already considered myself a veteran on the island and treated [the island people] admirably, helped by my friends. The engineer and his wife spoke good English even though they were native to Mexico City. But when they said goodbye, I confess that I missed them to the point of making the determination to go to Havana where perhaps I would be able to communicate with Adolfo De la Huerta or with his former representative. They informed me that in [the town of] San Pedro Sula, Honduras, the steamships left for New Orleans, USA and made a stopover in Havana, Cuba. There was also a

Consul of Mexico here but he refused to give me a passport to Havana.

By luck I found out that the San Pedro Sula Customs Administrator had lived in Payo Obispo for some time and sympathized with all Mexicans. I went to see him and he immediately handed me a passport in such shape that they accepted it when I paid for the passage ticket. But I carried no other identification to be able to enter Havana. Fortunately, General Juan Barragán, former Chief of Staff of President Carranza had left with a lot of money. [Enough] to lend a million dollars to General Gerardo Machado for his political campaign for the Presidency of Cuba. When Machado came to power, he repaid his loan and gave Barragán the exclusive concession for all gas stations in the Republic [of Cuba]. He also didn't deny any favors to Juanito [Barragán] the former Chief of Staff. Juanito was never a weapon to take, but he was very intelligent and skilled in finance. That's why he lived like a millionaire (which he was) during the years he enjoyed in the most beautiful Pearl of the Caribbean [Haiti].

+++

Chapter 6. Starting a New Life in Cuba

HAVANA was the Paris of America and where a worker earned more than a worker in the United States and the standard of living exceeded that of some States of the American Union. That's how Cubita la bella (Cuba the beautiful) was before that cunning Fidel Castro and his brother Raúl mortgaged her to Russia.

[Gen.] Barragán did not take part in the De la Huerta Revolution, but he sympathized with all the enemies of

Obregón and Calles. So he managed to get General, then President [of Cuba, 1925-1933, Gerardo] Machado to order that the De la Huerta refugees be considered as Cubans, without disturbing them in any way.

When I arrived in Havana, Cuba [in 1924], before greeting Dr. Aurelio Portuendo, President of the Cuban Trading Company and who later favored me with an important position in one of his sugar mills in the Province of Camagüey, some of us De la Huerta refugees met in the Central Park of Havana to mingle and remember sad events among comments that General so-and-so and General so-and-so had been shot by the Obregonistas, etc.

One day while sitting on benches in Central Park, someone touched my shoulder on the back, and when I turned my head I saw the mastodon Norwegian Captain, two meters high, and when I recognized him, I wanted the earth to open up and swallow me. Without pretending to be brave, I confess that my annoyance was not out of fear, but out of shame at remembering my bad behavior with him in Cozumel.

He asked how the Obregonistas had treated us and I told him they had driven us out of operation. He invited me to have coffee, and while we were savoring the tasty aromatic Cuban coffee of that time he said the following to me: "You are not bad young Colonel (I was 27 years old and he was 50), but sometimes young people are inflated with high intentions without remembering that everything in this world is transitory."

I confess that if he had slapped me it would not have hurt as much as his beneficial advice. We said goodbye affectionately and I promised myself that if one day I returned to Mexico and held a public position again, I would be just as courteous to my peers and would do all the good possible.

By remembering fifty-four years later that reprehensible act [of mine] in Cozumel and criticizing myself severely I demonstrated that never before, much less after, have I harmed anyone as I stated at the beginning of my notes. It was a just and noble trait on my part that I rejected the appointment as Customs Administrator of Reynosa, Tamaulipas, and for not harming the then Administrator of said Customs. This brought me closer and I earned the friendship and protection of Adolfo De la Huerta, one of the most dignified and honest Mexicans to whom history must do justice for his honesty and his characteristic generosity in all the acts of his private life, and conscientious conduct in all the public positions that he carried out in an exemplary manner.

I arrived [in Cuba] completely in a state of mental uncertainty and with little money. But I remembered the name of a Cuban lawyer [Aurelio Portuendo] that I met in Mérida when I was a Confidential Customs Agent, and although he was much older than me, we sympathized and he gave me his address in Havana. I confirmed his address through the telephone directory and was amazed to see that he was President of the Cuban Trading Company, a sugar consortium that owns six mills on the island. He received me very cordially, and after talking and savoring the tasty Cuban coffee freshly brewed in an authentic Chinese colander, he asked me about my projects. I told him that I was awaiting orders to rejoin the Revolution. He said:

> Forget the Revolution young friend. Your boss is already out of Mexico. What's more, [only] youth and old illiterates who don't know how to earn a living any other way have that excuse. You have great administrative experience and you are also fluent in the English language which is very important. I can justly offer you a position in one of our sugar mills, which requires an executive who speaks English well and you speak it.

"Tomorrow we will settle this and you have my gratitude," I said. (Aurelio Portuendo died a few days after Fidel Castro came in to misgovern that previously beautiful and rich country, today the property of Russia). I consulted some of my colleagues about the offer and they begged me to accept it in order to help them. Some of them, including the two Ramírez-Garrido brothers, were Generals who did not know how to work except in the military. One of them had been Governor of his State of Tabasco, and Director of the Military College and resigned bravely before [Mexico's President] Obregón, telling him that he was resigning because he did not agree with his policies. The other brother was Director of the Federal District Police and other positions no less important.

At the beginning of the De la Huerta Rebellion, Domingo Ramírez-Garrido served as General Enrique Estrada's Chief of Staff in [the Mexican state of Jalisco. The other brother served] in Calixto as General Salvador Alvarado's Chief of Staff in the Southeast. But in Cuba they suffered hardships together with their families who had come to join them.

I accepted the position of Purchasing Manager of The Francisco Sugar Company in Camagüey [Cuba] and helped [these two brothers] with three hundred dollars a month each (the Cuban peso was worth the same as the dollar and the standard of living in Cuba exceeded that of some states of the American Union). Such was the wealth of that beautiful Caribbean emporium, today the property of Russia and rationed to poor slaves, as in Russia, by means of vouchers.

The sugar mills (of that time) in Cuba had the most modern advances in the world and I enjoyed that splendor for almost two years before I was suddenly attacked by ulcerative colitis caused by amoebic cysts. Since the doctors from the mill were not able to relieve me, I went to Havana and was hospitalized in the Asturian Center Sanatorium. Despite my progress there, I was hospitalized for three long months and

A Veteran's Chronicle 35

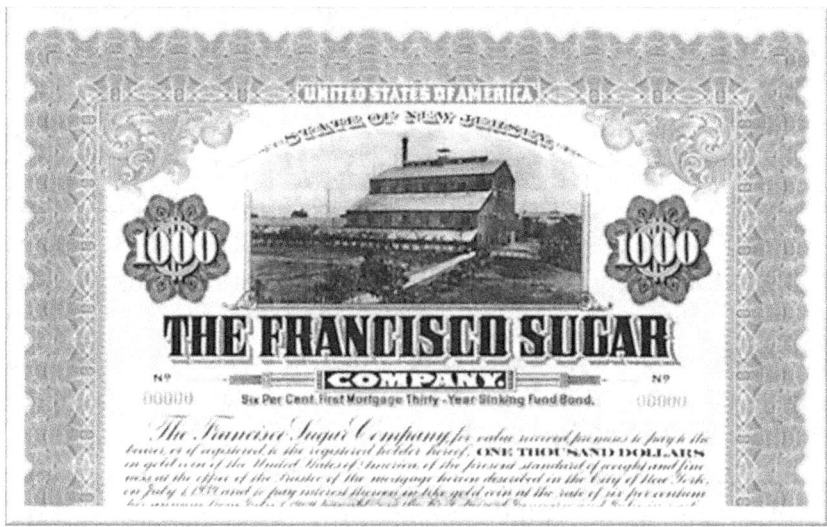

FIGURE 10. *Cuban sugar mill picture on a 1909 Francisco Sugar Company $1000 bond –Courtesy of scriptoworld.com.*

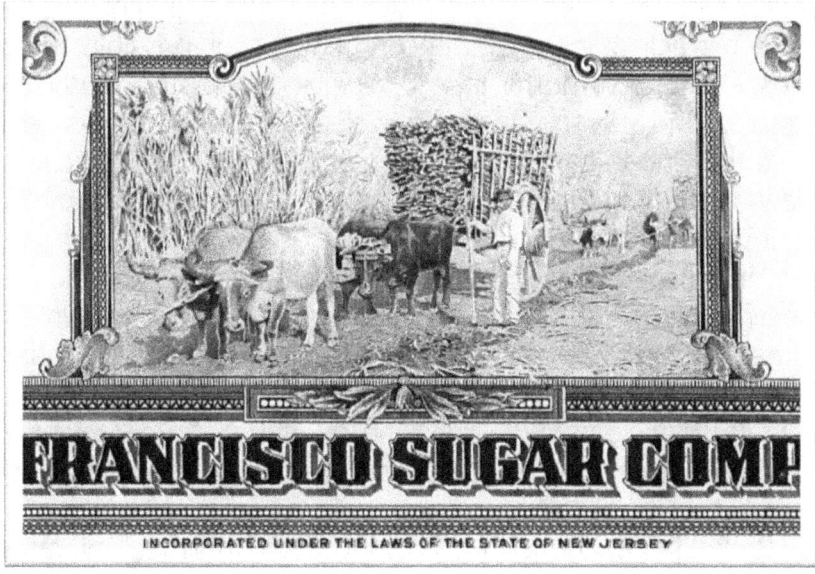

FIGURE 11. *Cuban sugar cane harvest picture on a Francisco Sugar Company stock certificate –Courtesy of cubacollectibles.com.*

decided to send in my resignation from my position in Camagüey.

Upon leaving the sanatorium moderately recuperated I hurried to look for new horizons. When reviewing newspaper advertisements I found one that requested a sales agent [to sell] top quality furniture for general offices. They recommended going early in the day to that address, etc. No matter how early I went to the appointment, I found four others before me. The firm was called Morgan & MacAvey Company and its president Mr. Morgan was the one who examined the candidates. Mr. Morgan spoke some Spanish, but he was testing in English which was the main requirement in the advertisement.

I asked him if I could depend directly on him, even if they did not give me weekly advances, so the Company was risking nothing. The position is yours, he told me. A man who is confident in his ability has the right to succeed and will undoubtedly succeed. I was assigned a desk and filing cabinet to keep track of my visits and prospects for possible future sales etc. Every morning at 8 o'clock I came to study the catalogs and advantages of our desks, machines, etc., etc. while the Cuban sales agents remained at the door catcalling the women who worked at the nearby banks passing by the front of the store.

Mr. Morgan would invariably arrive at eight thirty and find me at my desk studying the catalogs and writing down the names and addresses of the clients to visit during the day. The Cuban agents were [still] at the door catcalling the [female] bank employees passing by at that time. Obviously Mr. Morgan admired my discipline with visible sympathy and during the two months of probation I far exceeded the scheduled [sales] quota. My position was confirmed and every month I kept selling and working with greater enthusiasm.

One day I found a note from Mr. Morgan on my desk, inviting me to go up to his private office. I went upstairs and he told me that he had fired Mr. Halpern, Sales Manager, and that this position was available to me. He also told me that he had already bought a ticket for [Halpern] to go to Mexico on the next Ward Line steamer that left every week. That way I would not have a strong competitor like Halpern if he had moved to another company in Havana (Halpern became connected with H. Steel & Company in Mexico City).

I was assigned an attractive salary plus 10% commission on the sales of all sales agents. But "Troy burned." Four sales agents resigned claiming that it was unfair for me to obtain a position that belonged to a Cuban with several years of sales service, since I was a foreigner and new to the company. Mr. Morgan accepted the resignations of the four rebels and said that no one had shown my discipline and enthusiasm in exceeding sales as I did in such a short time. Indeed, I doubled my efforts and raised sales remarkably. I cooperated with the sales agents and helped them get sales with difficult customers and we finally harmonized.

One day one of our agents asked me to accompany him to a pharmaceutical products laboratory whose Yankee manager did not speak Spanish but they were a great sales prospect. Indeed, I met [Mr. Potter] the manager of the company, Medicinal La Campaña. The branch in Havana operated under the name of William Warner & Company. Again the advantage of speaking English helped me secure a sale of 30,000 dollars of furniture, which today would be equivalent to 300,000 dollars. Indeed, the "gringo" [Yankee manager of the company] and I became friends and socially met frequently.

One day Mr. Potter asked me how much I earned at Morgan & MacAvey. I told him it varied for the reason that I got a commission on the sales of all agents and their sales naturally varied. He clarified that [his question] was not a simple indiscretion, but that he planned to open a branch in Argentina and would like to prepare me to replace him in Cuba during his absence, which would be logically long because he wanted to organize the laboratory personally and it would take time. [He said,] "I will try to improve your current income starting with the Assistant Manager position well before I leave, and then [have you] stay as Manager in my place." Accurate calculations were made of my monthly income and Mr. Potter improved me remarkably. I soon became familiar with their formulas and sales system. Six months later Mr. Potter went to Argentina and I took his place as Manager [in Cuba].

One day they announced the visit of a Mr. Ricardez Broca and I confess that I felt joy in the hope that the poor General whom I helped leave Payo Obispo at a critical moment had been saved. But it was a cousin of his who wanted to meet me and give me information about the demise of his cousin. These were well-off people from Tabasco.

He told me that Captain Heraclio Vivas, whom I commissioned to take him to where the General ordered, left him on the Island of Maravillas close to the coast of Belize where the General could not go. His girlfriend, Mexican but the daughter of English, had temporarily settled in Belize and decided to take her minister (they were Protestants) with her to the island and marry her boyfriend General Ricardez Broca. But the idyllic [life she had anticipated] broke within a month which was logical. In the first place the lack of comforts and foodstuffs etc., and in the second place the General was dead while he was alive.

Again Ricardez Broca went to Puerto Cortez, Honduras. Another general (an illiterate Indian from the recent triumphant revolution in Honduras) offered him protection and took him to one of the estates recently seized by the said Honduran general. At first he treated him very well but little by little he demanded money each time they gave him food and [Broca], seeing himself lost, managed to write to his cousin who immediately went to see him, risking his own life. There [Broca] told his cousin about his odyssey and what I did for him.

And that's why his cousin wanted to know me now as a civilian. [Gen. Broca] told his cousin that he was sure that when his savings ran out they would kill him and that it was really what he desired. They said goodbye and later an Indian, his [other] cousin, had recommended that he write immediately that [Gen. Broca] had been assassinated. Thus ended the odyssey of a truly innocent but naïve man. There is no doubt that success is for the bold.

In 1928 we [former De la Huertistas] met at night in the newsroom of the [Havana] newspaper "El Mundo", where the pug-nosed Froilán Manjarrez now worked as a proofreader. He supported the De la Huerta Rebellion as Governor of Puebla. Also there was José Pereira Carbonell, who supported the movement as Governor of Veracruz, several former deputies and friends of Adolfo De la Huerta, General Calixto, General Domingo Ramírez-Garrido, and myself. [We often met] to talk about world news and what to anticipate.

One night we were surprised by a news flash announcing the shooting (assassination) of General Francisco "Pancho" Serrano and twelve of his companions who were celebrating his birthday together in a Cuernavaca [Mexico] restaurant. The news of such a worldwide reprehensible murder surprised us Mexicans who knew that General Serrano was the godson of (the talented assassin) Obregón, and had been his Chief of General Staff for many years. But after the friends and sympathizers of General Serrano nominated him for the Presidency of the Republic [of Mexico], Calles worked to abolish the no re-election [clause] from the Constitution to launch his candidate, the one-armed man [Obregón], into a second presidential term. [So] Obregón ordered the assassination of his godson and former Chief of General Staff, as he had previously ordered the assassination of President Carranza in Tlaxcalantongo, and eliminated in cold blood anyone who crossed his path of ambitions.

And it was precisely General Juan Méndez, General Serrano's godfather, who served as Morelos's military commander and Obregón's unconditional henchman, who in Huitzilac directed the execution (murder) of the friendly and popular General Serrano under the pretext that he and his friends were plotting an uprising.

But they didn't even have a sham court martial! Before ending this sad and shameful event, it is important to mention this event worthy of the Tales of the Arabian Nights. When this [so-called] group of revolutionaries were escorted on foot from the restaurant (where they conspired) through a dark alley in Cuernavaca, one of the group, the lawyer Francisco Santa María, risked taking advantage of the absurdity. As he was one of the last of the prisoners he simply hid in the bushes of the dark alley and they did not notice him. Thus, Francisco Santa María, who years later was governor of his state of Tabasco, was spared from being shot (assassinated).

If after these unfortunate murders Mexico had succeeded in realizing the ideals and postulates of the real revolution, conformity would fit and we would have prosperity for at least our peasants and lower classes to alleviate their hunger and educate themselves.

But unfortunately in the name of that revolution, with rare and honorable exceptions, some of our former governors did not suffer or even feel it remotely. They dedicated themselves to squandering on whims and frivolities, the treasure of the poor nation. [These ex-rulers do not] care about the misery of our peasants and a thousand needy groups who roam in various regions of our tormented homeland without receiving the least help from the demagogues and hypocritical ex-rulers pretending to be protectors of the lower classes.

They enjoy for personal benefit of themselves and their families the money they should be using for education and improving the techniques of our agriculture to feed [us all] and avoid the catastrophe that threatens us if we do not decide to work tirelessly and together. Because there is no army or human power capable of stopping starving people.

+++

Chapter 7. Return to Mexico

DURING the "internship" of Mexico's President Abelardo Rodríguez [1932-1934] I asked my friend the Mexican Consul [in Cuba] how I could visit Mexico (without danger) [of being arrested for treason]. He told me that as a returnee they would ask me a thousand questions and it would be very dangerous to get entangled. But that he could simply issue me a Mexican passport (traveling as a tourist to the homeland) for six months. "If in that period of time you like it and you adapt, you can stay the Mexican that you are without any problem" he said.

I did so and the truth is that I felt like a foreigner in my own country. I [also] observed that there were no Mexican medicinal laboratories. I returned to Havana with the firm intention of returning and organizing my own [laboratory] with my own savings.

When I returned to Mexico there were already two genuinely Mexican Laboratories. I established mine and in the first year I bought my first house with my profits. The second year I built my own building for the laboratory and [had] successively smooth sailing. [That is] until the day a Lawyer appeared in my office saying that he came from the Director and Head of Purchasing of the IMSS Company. He demanded a payment of 10% of the amount of their purchase of my products, or if I refused, they would cancel the order.

[I found] that this situation repeated with each of the suppliers and was the reason why I made the firm determination to liquidate this business rather than become an accessory to the prevailing corruption.

+++

Chapter 8. Comments on Government Leaders

MEXICO, beautiful and cherished, listen to the comments that this octogenarian prints on the paper, making remembrances of his joys and sufferings in that time of convulsions. But in full turn there were greater individual guarantees than today in apparent peace. Anyway I, who suffered firsthand the sacrifices of that time, was amazed to see the magical progress of the Territory of Quintana Roo. Cozumel is considered a nationally famous resort, and that humble Cancún Lighthouse is already listed among international tourist attractions. This thanks to a former president who admirably invested money from the National Treasury in that privileged corner of our homeland, without having received the slightest praise, or reproaches, from this unconscious and oblivious people. The majority of which dedicate themselves to getting drunk and making crude jokes instead of cooperating with honest leaders and progressives. [They must] respectfully but energetically censure those who distribute or squander internationally the monies of the simple-minded conglomerate that elected them to govern the destiny of the Nation.

It is incomprehensible that the majority of Mexicans having a talent for making offensive jokes and inventing firebombs such as publishing false news that [Mexico's President 1970-1976] Echeverría had given 350 million dollars and limited oil [exports] to his friend [President Salvador]

Allende from Chile. That a mansion [was built] for the Cuban Embassy that cost millions, and did not use its malevolent talent to cooperate with that President. [Echeverría], preaching by his example, forced his staff to work ten and twelve hours a day, and his worthy wife, María Esther, organized the most modern and beneficial dining rooms and sanitariums for our [homeless] children and worked hard to protect them.

That is why I resist believing that a patriotic Mexican like [President] Luis Echeverría, a tireless fighter for the benefit of his people and especially the lower classes, would have taken away their bread to give it to the Chileans of Allende, as published in some newspapers for their political enemies.

But in the past six-year period [1972-1978], most Mexicans were dedicated to criticizing President Echeverría, even blaming him for the devaluation of our currency. I invite you to collaborate with all our creative capacity and fight patriotically alongside our current President [1976-1982], Mr. José López Portillo, who in such a short time has managed to restore Mexico's prestige. And destiny rewards us today with huge oil fields, directed by the intelligent and patriotic engineer Jorge Diaz Serrano and his valuable staff.

Because those amounts could have long fed our starving peasants, it is an offense to the public the shameless extravagances that some of the presidents of Mexico have shown, approved unconditionally by the Representatives (?) of the aforementioned town [Cozumel], who unconsciously make jokes instead of protesting with their citizens' rights and demanding that they distribute fairly the money that they [instead] arbitrarily and ruthlessly give to foreigners and to vain splurges.

The most dangerous thing is that in the name of their false democracies most of the government rulers in the world are already from the extreme left and those who are not, (either by fear or by negligence), play the game of Fidel Castro's Marxism, in which the most beautiful Island of the

Caribbean (Cuba) there is the most powerful arsenal in Latin America; more than all the united Latin countries [and] in Uncle Sam's own beard, so rich and naive.

I consider myself very fortunate because I will not see or suffer an inhuman and cruel dictatorship that enslaves and humiliates the simple-minded poor who were dazzled by the preaching of those most prepared in such a creed [and] educated to direct the destruction of everything good and noble that the creator gave us: decency, dignity and freedom, which is the most sacred.

I am content because at my age (80+) I retain all my faculties and health, as can be seen in these lines that I personally write on my old [typewriter], remembering and describing each of the events in which I left a part of my life, sometimes enjoying and others suffering. [These are] revived through this messenger who, like magic, awakens my wishful thinking and will be one of my modest contributions before I pass to unknown regions. For the brave Senator Adolfo De la Huerta Jr., worthy son of that exemplary Mexican, I add to the precious memories of your father, R.I.P. [Rest in Peace]. More than half a century ago when launching the revolution more than a million peasants stopped cultivating the land and yet there was never a lack of grains to feed the people. Today, sixty years later and in apparent peace, we need to import from the United States and Canada (whose techniques we must learn) more than fifty percent of our essential food products. [We must have] protection for those who really work instead of launching vicious vagrants to expropriate the fruit of the efforts of the true fighters.

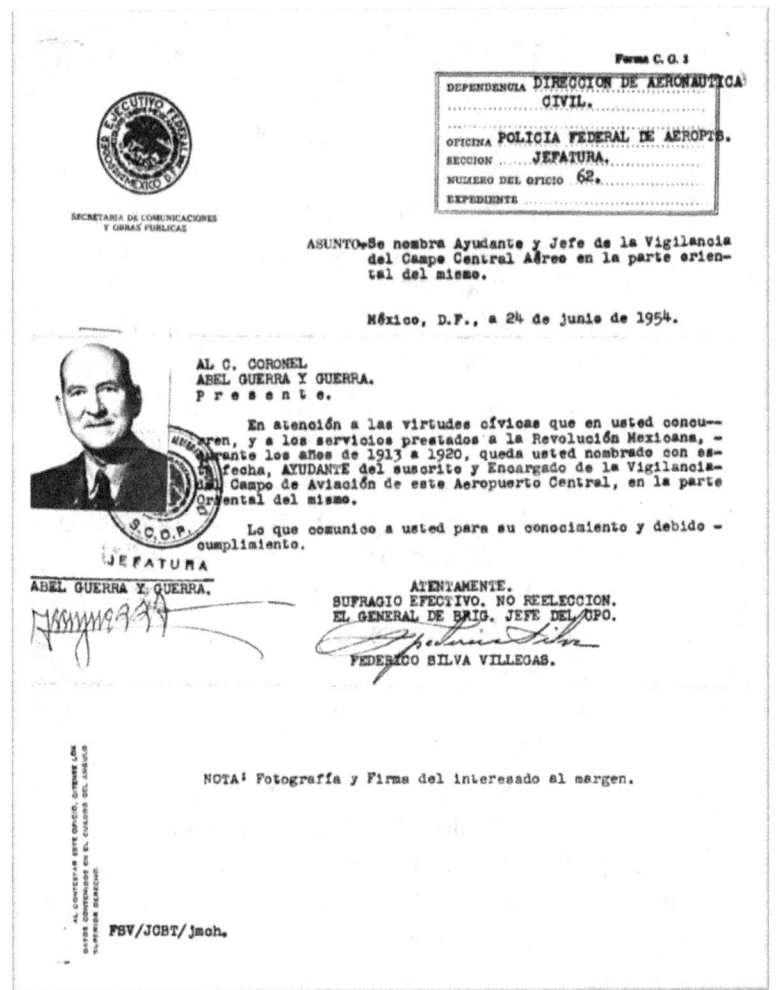

FIGURE 12. Acknowledgement of Abel Guerra's Mexican Revolution service, 1954 –from editor's Guadalupe Guerra Collection.

I will never forget the phrases and laments of a real revolutionary that night in the El Mundo newspaper office in Havana when we learned of the assassination of General Serrano and his companions. General Domingo Ramírez-Garrido, a real revolutionary (who joined the revolution in 1910 when almost a child), expressed himself in the following way, "It is unfortunate [to see] so much betrayal of our

Revolution. We rose up against Porfirio [Diaz, Mexico's President 1877-1911] supposedly because he was a thief and murderer."

According to verified statistics, after thirty years of governing, Porfirio only had the residence that his wife inherited from her father. While Obregón, Calles, and their partners had several lovers and each one was given their own house and a waste of luxuries.

As for murders, Porfirio was not a pigeon but if he did kill, it was with discretion and I believe that no more than thirty assassinations occurred during his thirty years of dictatorship. Obregón and Calles [on the other hand] are wholesalers and do not hide. I repeat the words of that real revolutionary [General Domingo Ramírez-Garrido] and I add there were greater guarantees in the middle of that revolution than in Obregón's time and that there was apparent peace.

A true Veteran of the Revolution cannot, nor should he, ignore the beneficial work that another true defender of the workers carries out without vanity or ostentation, [such as] the famous Veracruz native Fidel Velázquez [Sanchez, Mexican labor union leader]. I do not personally know him but as a Veteran of the Revolution I have followed with interest the benefits that this intelligent leader has achieved for those pillars that support the nation's edifice, without which the ceiling would inevitably collapse.

But the most advantageous and for the same reason worthy of praise and respect, is that he [Velázquez] has intelligently and patriotically maintained the unity of the workers and employers. He has skillfully restrained the labor unions so that they do not get too greedy (go wild) asking for exaggerated increases in wages that could cause the bankruptcy of small businesses or the suspension of work of large ones due to the unavailability [of workers].

FIGURE 13. *Fidel Velazquez Sanchez, 1900-1997*
--*photo Courtesy of biografiasyvidas.com.*

With this success in avoiding distancing between the two parties that are the basis of the nation's economic structure, Mr. Velázquez has demonstrated his extraordinary talent and exemplary patriotism that all Mexicans must support. The next step to implement which I trust Fidel Velázquez will complete in due course, is to take to the field and protect our peasants through solid and honest unionization. Until today [the peasants] have remained forgotten and exploited by false peasant leaders.

It is urgent that as soon as possible Fidel Velázquez arranges to eliminate these false peasant leaders and replaces them with the most skilled technicians of his well-organized group. [We need] to restore the losses caused by inept and false leaders, [and produce the] grains that our people need to feed new generations, physically and mentally strong.

What I do not agree with Velázquez on, and I express it with the sincerity and frankness that characterizes me, is the forty hour week. To restore the agricultural deficit caused by the false leaders of the unsuspecting starving peasant, as well as to organize our industries and make them prosperous, it is necessary to work forty-eight hours or more per week. Deploy the maximum technical and physical forces of workers and peasants through the skillful leadership of patriotic or at least honest leaders.

That smart patriot Fidel Velázquez, should recognize this imperative and urgent need for action and more action and direct his constructive campaigns in this direction. [If he] applies his indisputable expertise and his recognized and unyielding energies, the favorable reaction of workers and peasants will position Mexico to be one of the most prosperous and respectable countries in Hispanic America, before the end of this six-year term.

López Portíllo, [Mexico's President 1976-1982], advises us to double our efforts. I suggest tripling them and fighting together, working tirelessly for the benefit of our tormented Homeland. Enough of ranking first in debt and vagrancy. Eliminate the holidays that are synonymous with laziness, such as the day of the Godfather, the Uncle, the Cousin, the Brother-in-Law, etc., and dedicate ourselves to work, with love for work. Let's discard a harmful and hateful tomorrow and act today if we want to prosper.

This is anguished advice from a Veteran who, approaching 83 years of age, leaves his bed daily at six in the morning and after his gymnastic exercises and having breakfast, he develops his activities with the optimism and energy that are characteristic of him, during his life a tireless fighter.

With this example I have preached to my two children and today I enjoy the immense satisfaction of seeing them in full prosperity and struggling with the optimism and energies that I instilled in them from their early childhood. With my nose as an observer and my experience acquired during years of incessant struggle, I welcome Fidel Velázquez's friendship and union with one of the northern state rulers of recognized culture and extraordinary talent. This union is the precursor of great and rewarding events in the near future of our national and international policies, which will serve as a basis for future generations.

It is the union of the Veteran with enormous and rich experiences defending our lower classes. [It is] backed by vigorous youth and young but valuable experience. [It is] demonstrated by the aforementioned northern state ruler of incalculable political dimensions for the benefit of our country.

Acapulco, Guerrero, Mexico, June 5, 1978.

ABEL GUERRA Y GUERRA

Glossary. Spanish Terms Used in Original Text

Abogado: Lawyer (p.72).

Chicha: Lack of breeze or dead calm (p.63).

Constitutionalists: Title used by anti-Victoriano Huerta forces before the breakaway of Villa and Zapata in 1915 (p.52) (Jowett, Latin American Wars 1900-1941, 2018, p. 10).

Don: Sir, title used only before Christian names of men (p.52).

Dr.:   Director (p.72).

Gral.:   General (p.77).

De la Huertistas: Revolutionary followers of Mexico's Secretary of Finance, Adolfo De la Huerta, who opposed the Obregón government from 1923 to 1924 (p.52).

Licenciado (Lic.):   Lawyer, attorney, person having the equivalent of a master's degree (p.53).

Obregonistas: Term used for government troops of Álvaro Obregón, Mexico's President from 1920 to 1924 (p.57).

Tte. Colonel: Lieutenant Colonel (p.62).

Appendix. The De la Huerta Libertarian Movement (original text in Spanish)

EL MOVIMIENTO LIBERTARIO DE LA HUERTISTA

APUNTES DE UN VETERANO

APUNTES DE UN VETERANO

Actuación de un Veterano, hoy octogenario, durante el movimiento LIBERTARIO de la Huertista, que Don Adolfo inició en 1923, contra el inteligente asesino Obregón:

En 1913 (17 años de edad) abandoné estudios y comodidades, para incorporarme a la Revolución Constitucionolista a las inmediatas órdenes del señor General Lucio Blanco y fuimos de los primeros que repartimos entre los campesinos, enormes latifundios que existían en Tamaulipas, Nuevo León y Coahuila (hoy existen nuevos Latifundios, pero ya son de los hijos o nietos de los auténticos Revolucionarios que, salvo raras y honrosas excepciones, tratan de capitalizar los méritos y sacrificios de sus padres y abuelos).

Próximamente terminaré, con detalles mi actuación, con las penalidades y combates librados durante esos años en que nos iniciamos contra el TRAIDOR Victoriano Huerta. Pero ya formando porte en el Estado Mayor de mi General Raúl Madero, cuando la División del Norte avanzaba de triunfo en triunfo arrolladoramente.

Hoy me concretaré a narrar con detalles mi actuación desde que el mexicano más honesto y patriota (Don Adolfo de la Huerta) me brindó su amistad y su confianza.

Paréntesis: En 1915 al ver la división entre el señor Carranza y el General Villa, Jefe de la División del Norte, preferí marcharme a los Estados Unidos donde sufrí algunas penalidades y trabajé mucho, pero siempre reservé unas horas para estudiar el idioma inglés, que finalmente logró dominarlo con misma facilidad que hablo y escribo nuestro propio idioma, y que me ha favorecido para abrirme pasa con éxito en el trayecto de mi vida.

En el año 1917 regresé a México y me incorporé al Estado Mayor del general César López de Lara, quien posteriormente fue electo gobernador de Tamaulipas y yo seguí laborando en su equipo, pero en 1920, con motivo del desastre de Tlaxcalaltongo, y el asesinato del Presidente Carranza me refugié otra vez en E. U.

En el año de 1923 regresé a México completamente desorientado. Entrevisté al entonces Diputado Portes Gil que preparaba su campaña para Gobernador de Tamaulipas y éste me presentó con su colega el Lic. Valderrama, Oficial Mayor de Hacienda y le pidió para mi un puesto de Administrador de Aduanas en alguna Aduana de Tamaulipas.

El Lic. Valderrama le dijo que NO había vacantes en Aduano de Tamaulipas, pero que podía remover al Administrador de Reynosa dándole otra comisión y me nombraría a mi Administrador de la Aduana de Reynosa. Mi repuesto fue de inmediato negativa. Les dije que aunque yo era el único sostén de mis hermanos huérfanos, jamás perjudicaría a nadie por ambiciones personales.

Mi actitud llegó a oídos del señor Secretario de Hacienda y Don Adolfo me mondó llamar. Sus primeros frases de estímulo y aliento, que perdurarán en mis oídos y en mi corazón mientras viva:

Joven amigo, --me dijo-- Lo felicito por su recta actitud, cuando le propusieron lo administración de la Aduana de Reynosa, en perjuicio del actual Administrador. Hombres como usted son los que necesita México; pero desgraciadamente NO abundan. Tiene usted mi simpatía y puede contar con mi amistad. He ordenado que se le expida nombramiento de Agente Confidencial (Visitador especial que depende directamente del señor Secretario de Hacienda).

Su grado militar de Coronel es muy respetable, máxime que lo ganó usted por méritos en compañas y sacrificios.

Pero su conducta y su capacidad merecen mayor recompensa. Salga usted lo más pronto posible a visitar las Aduanas del Sureste, y consigne usted a los Administradores inmorales, sin contemplación ninguna para los delincuentes.

Doce días después me fui a Veracruz para seguir al Sureste y permanecí en el Puerto diez días esperando la salido del unico barco destartalado, que hacía un viaje cada mes para llevar documentación oficial y el dinero a Payobispo para que el señor Gobernador del Territorio cubriera los sueldos del personal y demás gastos, etc. Dicho viejo barco hacía escalas en Isla del Carmen, Villahermosa, Frontera, Progreso, Cozumel y Payobispo. El mes que (frecuentemente) NO cumplía con ese UNICO viaje, los empleados del Territorio sufrían privaciones lógicamente. Tal era lo deficiencia del servicio y el atraso del Territorio en aquella época (1923).

En Campeche encontré un desfalco de DOSCIENTOS MIL PESOS. El Administrador era un General Brigadier Carlos Estrada, y me ofreció CINCUENTA MIL PESOS si yo no lo denunciaba ante la superioridad.

Mi negativa enfureció al ratero general y cínicamente me dijo que él era mi superior y yo le debía respeto, etc. etc.

Su estúpido alarde de superioridad fue su tiro de gracia y ya sin más consideración procedí a consignar mi informe directamente al señor Secretario de Hacienda. Después me enteré que NO pudieron PROCESARLO porque era PROTEGIDO de Obregón. Hoy tampoco se castiga a los ladrones oficiales, porque alguien los protege misteriosamente. La única diferencia es que en aquellos años que menciono, los CAÑONAZOS eran solamente de CINCUENTA MIL PESOS, mientras que hoy son de CINCUENTA MILLONES como mínimo. ¡Pobre Patria mexicana!

Los obreros han mejorado en sus salarios y NO mejoren más ni se superan debido a su falta de preparación y sus vicios.

Pero los pobres campesinos, cuyos abuelos fueron realmente los que arriesgaron sus vidas y propiciaron el triunfo de aquella (auténtica) revolución, siguen en la más espantosa y triste miseria, porque los falsos líderes agrarios se roban descaradamente los millones destinados para ayudarlos.

Y lo que es peor y peligroso con riesgo de convertir al país en un segundo Cuba; estos líderes desde hace años han estado incrustándoles las ideas marxistas y propiciando el PARACAIDISMO. Precisamente cuando el pequeño propietario está para recoger su cosecha, es cuando los paracaidistas se apoderan de sus predios y dilapidan el producto de esas cosechas y así año tras año han ido matando la verdadero agricultura!

Yo seguí en el cumplimiento de mi comisión especial y en Cozumel encontré otro desfalco aunque de menor cuantía.

Pero consigné al Administrador y Don Adolfo me ordenó hacerme cargo de lo Aduana hasta nuevo orden.

Poco a poco me fui ambientando en aquella región cuyas costumbres son completamente distintas a nuestros costumbres norteñas. Mensualmente le pasaba revista al Capitán Jefe de lo Guarnición de la plaza, por orden de Hacienda, y este simpatizó conmigo y era muy respetuoso. Socialmente no existían mas que unas pocas familias y las maestras de Secundaria que en su mayoría eran de Mérida, así como unos diez o doce maestros de los cuales más tarde se incorporaron a mis fuerzas, seis de ellos.

Cinco meses después llegó a Cozumel el Lic. Miguel Cortez Ordóñez. De parte de Don Adolfo venía (confidencialmente) alertando a los Administradores de Aduanas; amigos personales de Don Adolfo, porque ya él se había distanciado de los Dictadores Obregón y Calles, y se había ya señalado el día 12 de Diciembre (1923) para iniciar el movimiento en contra de dichos gobernantes.

Efectivamente, en la fecha señalada y ya instalado en Veracruz Don Adolfo, el General Guadalupe Sánchez que era el Comandante militar de la Zona, se declaró en rebeldía contra el manco, y lo mismo hizo el General Enrique Estrada en Jalisco y muchos más Jefes de Zonas que en total sumaban más de CINCUENTA MIL hombres armados y disciplinados ante sus Jefes y fue tal el EMPUJE y los avances militares, que Obregón ya se preparaba para abandonar la Capital. Lamentablemente la escasez de municiones y efectivo para comprarlas y pagar la tropa nos ponía en gran desventado contra Obregón que, con su astucia habitual, aprovechó nuestro receso y sus tropas reaccionaron favorablemente para ellos, seguros de nuestra carencia de municiones y dinero para adquirirlas.

Napoleón decía que para ganar una guerra era preciso dinero, dinero y más dinero. Nosotros tuvimos la pena de comprobarlo.

El General Juan Ricardez Broca fue nombrado por Don Adolfo, Gobernador y Comandante Militar de Yucatán, --el General-- Atanasio Rojas Gobernador del Territorio de Quintana Roo, y yo Comandante Militar y Administrador de la Aduana que era lo única fuente de ingresos mediante la exportación de chicle y maderas preciosas como cedro y caoba, pero había meses que NO recaudábamos ni para cubrirles el 50% de sus sueldos.

Yo mandé al Capitán ex-Jefe de Cozumel, con ochenta hombres a Tabasco, y me quedé con trescientas plazas más los empleados y el Resguardo de la Aduana.

Como NO teníamos Radio ignorábamos el curso de los acontecimientos. Con mil sacrificios instalamos una Torre inalámbrico y, aunque con deficiencia, lográbamos interceptor algunos mensajes del enemigo, cuyas noticias eran lamentablemente fatales para nuestra causa.

Pues repito, que la carencia de municiones y dinero para pagar la tropa y demás gastos propios de un movimiento de tal envergadura, causaba desmoralización y deserciones, mientras los Obregonistas tenían ambas cosas mediante préstamo que el Manco hizo a los Estados Unidos como de costumbre, incluso consiguió varios Aviones y Pilotos Yanquis. (AMARGA VERDAD!).

De la Aduana de Cozumel dependían tres secciones o sucursales, a saber: Isla de Mujeres, Puerto Juárez y Cancún, donde sólo había un Guarda-Faros al que quincenalmente se le enviaban comestibles en las Falúas (Barquitos) que para tal fin teníamos de servicio en la Aduana. Tal era el atraso de esos rumbos en 1923! Mi sorpresa fue indescriptible cuando MEDIO SIGLO después fui de Turista y encontré hermosas y cómodos Hoteles y Aeropuerto de lo más moderno y costoso, así como LUJOSOS palacios construidos por posteriores Presidentes (**Dioses de México**) en Cozumel, Isla de Mujeres y Cancún. En tan maravillosa forma ha avanzado nuestro querido México, pero lamentablemente en la misma velocidad progresen los vicios en forma incontenible y peligrosa para las futuras generaciones. MEXICO LINDO Y QUERIDO, escucha los comentarios que este OCTOGENARIO estampa en el papel, hacienda remembranzas de sus goces y sufrimientos en esa época de convulsiones, pero en la que en plenas revoluciones, existían mayores garantías individuales; que hoy en aparente paz. De todos modos yo, que sufrí en carne propia los sacrificios de aquella época, quedé maravillado al ver el progreso mágico del Territorio de Quintana Roo porque si Cozumel está considerado como un Balneario de fama nacional, aquél humilde Faro de Cancún está catalogado ya entre los atractivos turísticos internacionales, gracias a un ex-presidente que invirtió admirablemente dineros del Tesoro Nacional en ese privilegiado rincón de nuestro patria, sin haber recibido el menor elogio, ni reproches, de este pueblo inconsciente y abúlico, cuyo mayoría se dedica a embriagarse y hacer chistes groseros en lugar de cooperar con los mandatarios honestos y progresistas o censurar respetuosa pero enérgicamente a los que reparten o dilapidan internacionalmente los dineros del ingenuo conglomerado que los eligió para regir los destinos de la Patria.

Es incomprensible que la mayoría de los mexicanos teniendo talento para hacer chistes ofensivos e inventar bombas incendiarias como publicar falsas noticias como aquellas de que el Presidente Echeverría había obsequiado 350 millones de dólares y petróleo limitado a su amigo Allende de Chile, y una mansión que costó millones para la Embajada de Cuba, no utilizó su malévola talente en cooperar con ese

Presidente, que, predicando con su ejemplo, obligaba sus colaboradores a trabajar diez y doce horas diarios, y su digna esposa Doña María Esther organizó los más modernos y benéficos comedores y sanatorios para nuestra niñez y trabajaba intensamente para protegerlos.

Por eso me resisto a creer que un mexicano patriota como lo es el Lic. Luis Echeverría, luchador incansable en beneficio de su pueblo y especialmente de las clases humildes, les hubiese quitado el pan para obsequiárselo a los chilenos de Allende, como se publicó en algunos periódicos por sus enemigos políticos.

Pero ya que en el sexenio pasado la mayoría de los mexicanos se dedicaron a criticar al Presidente Echeverría hasta culparlo de la devaluación de nuestra moneda, ya invito a colaborar con toda nuestra capacidad creativa y luchar patrióticamente al lado de nuestro actual Presidente, señor Lic. Don José López Portillo, que en tan breve tiempo ha logrado restaurar el prestigio de México, y el destino nos premia hoy con enormes yacimientos petrolíferos, dirigidos por el inteligente y patriota ingeniero Don Jorge Diaz Serrano y sus valiosos colaboradores.

Porque esas cantidades podrían haber alimentado largo tiempo a nuestros hambrientos campesinos. Sí, es una ofensa a nuestro pueblo los derroches públicas y descarados, de que han hecha gala algunos de los presidentes de México, aprobados **incondicionalmente**, por los Representantes (?) del mencionado pueblo que se concreta a hacer chistes inconscientemente, en lugar de protestar, con sus derechos de ciudadanos y exigir que se les reparta, en justicia, los dineros que arbitraria y despiadadamente, obsequian a extranjeros y en derroches vanidosos.

Lo más peligroso es que a nombre de su falso democracia la mayoría de los GOBERNANTES en el mundo son ya de extrema izquierda, y los que NO lo son, (ya sea por MIEDO o por negligencia), le hacen el juego al MARXISMO DE FIDEL CASTRO, en que la más hermosa Isla del Caribe (**hoy de Rusia**), existe el más poderoso ARSENAL de América Latina; superior al de todos los países Latinos **unidos**. En las propias barbas del Tío Sam, tan rico como INGENUO.

Yo me considero muy afortunado porque NO veré ni sufriré inhumana y cruel DICTADURA que esclaviza y humilla a los pobres INGENUOS que se deslumbraron ante las prédicas de los más preparados en tal credo . . . educados para dirigir la destrucción de TODO lo bueno y noble que el Creador nos obsequió: DECENCIA, DIGNIDAD y LIBERTAD, que es lo más sagrada.

Y dichoso, porque a mi edad (OCTOGENARIO), conservo todos mis facultades y salud, como podrá comprobarse mediante estas líneas que escribo **personalmente** en mi vieja máquina, recordando y describiendo cada uno de los acontecimientos en que dejé una parte de mi vida, unas veces gozando y otras sufriendo y que resucitan por medio de este mensajero que, a modo de magia despierta nuevos ilusiones y será uno de mis modestas contribuciones antes de pasar a regiones ignotas, para que el valiente Senador Adolfo de la Huerta Jr., digno hijo de aquél ejemplar mexicano, añada a las valiosos memorias de su señor podre, Q.E.P.D.

Los Obregonistas recuperaban plaza tras plaza de las que los De la Huertistas hablamos tomado por sorpresa. Cuando tomaron Villa Hermosa, Tabasco, el General Juan Ricardez Broca, Gobernador y Comandante Militar de Yucatán, que contaba con escasa tropa y más escasas municiones, decidió evacuar la plaza. El se fue con su ayudante el capitán

X a Puerto Cortés, República de Honduras Centro América, pero el Tte. Coronel Eladio Hernández prefirió ir a reunirse con nosotros al Territorio con 400 soldados y se arriesgó a cruzar el territorio de Quintana Roo los indios Maya (infantería) con las escasas municiones que tenían. Naturalmente que de los cuatrocientos hombres que iniciaron la marcha, sólo llegaron con vida ciento ochenta juanes hechos pedazos.

Cuando las tropas Obregonistas tomaron posesión de Mérida, y lo comunicaron a México, les ordenaron seguir a Quintana Roo y acabar con nosotros. Dicho mensaje fue interceptado y cundió el pánico entre mis improvisados Oficiales (maestros) pues resistir era un suicidio de cinco por uno y sin municiones --ellos en abundancia--. Pero yo determiné resistir y naturalmente sucumbir inevitablemente. Nuevamente mi buena estrella: Recibí órdenes de ir a reforzar la plaza de Payobispo con todos mis elementos. Pero trescientos juanes más los empleados y el Resguardo de la Aduana, NO cabíamos en las tres Falúas (pequeñas embarcaciones de la Aduana). Pero otra vez mi buena suerte: En la noche llegó el Barco San José, de la Compañía Chiclera propiedad de Calles y socios. Le dije al Capitán que yo necesitaba el Barco y saldríamos a las seis del siguiente día. Pero por más vigilancia que pusimos, éste se desertó. Ordené al Capitán de uno de nuestros Barquitos, que se hiciera cargo del San José, y así logramos transportar a toda nuestra gente a Payobispo donde nos esperaban llenos de esperanzas y entusiasmo. Aumentaba el contingente de tropa, pero carecíamos de lo principal que eran las municiones y alimento, sin cuyos atributos era inútil nuestro sacrificio. El Administrador y Contador de la Aduana de Payobispo se habían desertado y refugiado en Belice, H.B., así como una gran parte del personal de la Aduana. Me hice cargo de la Aduana, con el personal de la de Cozumel que me había acompañado y logramos dos exportaciones de chicle y cedro a Nueva Orleans y con eso recaudación nos sostuvimos más de un mes a medio sueldo pero seguían escaseando los alimentos porque nadie importaba lógicamente y cundía la desmoralización general.

Un día me preguntó el General Rojas que si yo me atrevería a cruzar el Golfo de Honduras en el Yate que el ex-Gobernador Obregonista usaba para sus paseos en la Bahía. Al preguntarle el objeto, me dijo que en Puerto Cortés Honduras se había refugiado el General Ricardez Broca y que tal vez yo lograría convencerlo a que viniera a ponerse al frente de la gente que al mando del Tte. Coronel Hernández, habían cruzando el Territorio de los Indios Maya, y así los tres Jefes resistiríamos a los Obregonistas con mayores probabilidades de éxito.

El Yate tenía un solo motor y NO tenía velas, que es defensa en alta mar. Pero yo me arriesgué porque era mi deber y siempre con la esperanza de reforzar nuestras fuerzas. Salimos pues a la media noche para NO despertar sospechas, pues las deserciones estaban a la orden del día.

La tripulación del Yate era un Capitán negro de Belice y tres marineros mexicanos. Navegamos esa noche, el día siguiente y la noche siguiente hasta las dos de la madrugada que se rompió el eje cigüeñal del motor. El ancla NO alcanzó fondo y la corriente nos arrastró largo trecho hasta que el ancla se clavó. Al amanecer nos turnamos los prismáticos para ver si divisábamos algún barco que nos remolcase, pero sólo veíamos cielo y agua. Como a las doce gritó el Capitán indicando que se vislumbraba un bulto negro y que parecía que a medida que avanzaba hacia nosotros se agrandaba. En efecto poco des pues llegó al Yate un Cayuquito de remos manejado por uno de esos habitantes de los mil Islas o Cayos como les llaman ellos y que tal vez sus antepasados pertenecieron a los piratas ingleses de aquella época. Su dialecto se asemejaba al ingles. Por suerte yo lo entendí y me dijo que por cincuenta dollars nos llevaría o Puerto Cortés para tratar de arreglar la pieza averiada. Dispuse que el maquinista me acompañara y el Capitán que venía conmigo se quedó a cargo del Yate. Escasamente teníamos comida y agua para seis días. Le dije al maquinista que pusiera dos salvavidas en el Cayuquito, pero se opuso el isleño. Dijo que el mejor salvavidas era guardar el equilibrio. El Cayuquito ero de uno y medio metros de ancho, por cinco de largo, con remos y una vela de manta de un metro de alto. Escasamente cupimos los tres. Pero había una brisa favorable y la vela era suficiente para volar, al grado que cuando venían las olas parecían que nos tragaban y cuando pasaban daba la impresión de irnos en clavada. Cuando ya se divisaba la costa se aplanó uno calma CHICHA como le llaman los marinos, y nos vimos obligadas a remar. Yo empecé y remé hasta ampollarme las manos. Me siguió el maquinista y finalmente el isleño hasta que llegamos al pequeño pueblo. El isleño cobró sus cincuenta dólares y se regresó. Nosotros tratamos de ir a un Hotel, pero no había Hotel en Puerto Cortés. Únicamente existía una Fonda de Chinos (pequeño Restaurante). A la Fonda nos dirigimos y un Chino nos dijo que solamente tenían un cuarto de modero con dos camas (destartaladas y sucias, plagadas de chinches).

Le dije que nos quedábamos con el cuarto y le pregunté que si ahí comía un señor alto y gordo de color blanco, etc., y me dijo que no. Nos instalamos en el cuartucho y cuando bajamos a cenar sorprendimos en una de las mesitas al General Ricardez Broca acompañado de su ayudante el Capitán X Yucotéco.

Yo no lo conocía personalmente y se me ocurrió saludarlo con un buenas noches, mi General, y no me contestó. Yo repetí el saludo más directo y entonces me preguntó si yo me dirigía a él y que tal vez lo estaba confundiendo con alguien.

No, mi General. Yo soy el Coronel Guerra y vengo de parte de mi General Atanasio Rojas, Gobernador de Quintana Roo, a invitarlo a que me acompañe para ponerse al frente de su 23 Regimiento que llegó a Payobispo al mando del Tte. Coronel Hernández. Ante tal evidencia ya no siguió negándose y me invitó a sentarme en su mesa, para hablarme en la siguiente forma:

Mire usted, compañero, me dijo, Ustedes defienden una causa justo y es admirable cómo luchan con fe, sin omitir sacrificios. Yo también luchaba por esa misma razón. Pero desgraciadamente me involucraron en el fusilamiento de Carrillo Puerto y sus acompañantes y estoy seguro de que los socialistas del Sureste me perseguirán por mar y tierra hasta asesinarme. Fue mi segundo el Coronel Rodríguez, enemigo personal de Felipe, quien aprovechó mi ausencia para cometer esa barbaridad desobedeciendo órdenes del señor De la Huerta. Don Adolfo me puso un mensaje ordenándome enviar a los prisioneros a Veracruz y tratarlos con las mayores consideraciones. Pero el Coronel Rodríguez aprovechó mi ausencia (yo había ido a Campeche) y apresuró lo ejecución, desobedeciendo las órdenes de Don Adolfo.

Naturalmente que a mí me hacen responsable por ser el Gobernador y Comandante Militar del Esta do, y no me lo perdonarán.

Creo y la mentó su situación mi General, pero con mayor razón le insisto en que más vale morir LUCHANDO y no exponeros a morir asesinado sin poder defenderse. Finalmente aceptó y entonces el problema era en qué trasladarnos al Yate en alta mar.

Por suerte llegó una Barcaza con cargo de Belice y aproveché para contratarlo. Me dijo que como le quedaba de paso por su ruta, me cobraba treinta dólares por llevarnos. Su tripulación se componía del Capitán y tres marineros de dos metros de altura, todos negros. Pensé que si ellos sospechasen que nosotros éramos revolucionarios y con dinero, muy bien podían ellos tirarnos al mar seguros de que nadie nos reclamaría. Pero me guardé la idea para NO alarmar a los compañeros y especialmente al General Ricardez Broca que tenía sus nervios destrozados. Confieso haberlos juzgado mal; pues NO recuerdo haber recibido en toda mi vida mayores atenciones dentro de su humildad, que las que nos brindaron estos negros en el trayecto. Al llegar al Yate uno de ellos era mecánico y le ayudó al nuestro a colocar la pieza y poner a funcionar el motor. Cuando les liquidé los treinta dólares me preguntó el Capitán que si nuestro rumbo era Belice, ellos iban para allá y nos guiarían. Yo acepté con gusto y le confesó que éramos Jefes militares en Payobispo y para allá nos dirigíamos. Al llegar o Belice, nos despedimos de abrazo y continuamos nuestro viaje a Payobispo.

Sugerí al General Ricardez Broca que arengara a la tropa para levantarles el espíritu. Pero me pidió que lo hiciera yo porque él se sentía deprimido y sin ambiciones de nada.

Me tocó pues a mí arengar a los juanes, y aunque resonaron unas cuantas vivas a nuestra causa, estoy seguro de que mis palabras de estímulo al anunciarles la llegada de su General Ricardez Broca, les hizo el efecto de una inyección a un cadáver. Tal era la situación en esos días.

Yo tenía mi Cuartel General en el Edificio de la Aduana y ahí instalé al General Ricardez Broca quien durante quince días se los pasaba durmiendo y no salía a la calle mas que a comer lo que conseguíamos. Repentinamente me visitó el General Ricardez Broca y me dijo lo siguiente: Compañero, yo me siento muy mal y les estorbo aquí en vez de ayúdales. Si yo le pidiera al General Roías lo que le suplico que usted lo haga a mi favor, estoy seguro que NO se lo niega porque usted tiene ascendiente sobre él y lo convencerá con razonamientos.

Comprendí que si yo no intervenía, mediante la amistad que me unía con el General Rojas, Ricardez Broca sería capaz de hablarle personalmente y exponerse a que le formaran consejo de guerra por deserción frente al enemigo, pues ya sabíamos que los Obregonistas estaban en Cozumel y se dirigían a Payobispo. Decidí tratarle el asunto al General Rojas y éste me preguntó cuál era mi opinión personal. Le dije que era visible que este hombre estaba muerto en vida y nos estorbaba en vez de ayudarnos. ¿Qué se !e ocurre a usted Coronel Guerra? Pues podríamos comisionario (imaginariamente) a algún lugar lejos de Payobispo, y así NO aparecerá como desertor. Bueno, dicte usted un Oficio a su manera y yo la firma, y que se marche inmediatamente.

Paro completar la obra, dispuse que el Capitán Heraclio Vivas, el joven de 20 años oriundo de Cozumel y que condujo hábilmente el Barco San José de la Compañía Chiclera propiedad de Calles, llevase a este hombre muerto en vida a algún Callo o Isla donde ocultarse como él deseaba.

Llamé aparte al Capitán y le dije que le iba a dar la gracia de salvar su vida con honor. Ya sabemos que el enemigo está en Cozumel y nos atacarán de un momento a otro con la seguridad de que el 90% de nosotros morirá en los combates. Usted se salvará, con honor, mediante la comisión que le estoy encomendando, y que espero cumplirá usted con su lealtad a nuestra causa. Si para cuando ustedes regresen (tome sus precauciones al regresar) ya el enemigo estuviera en poder de Payobispo, inmediatamente regrésese para que no caigan en poder de esos asesinos.

Efectivamente, cinco días después nos atacaron a dos fuegos, por mar y por tierra. Escasamente resistimos tres horas porque se nos terminó el parque y perdimos la mitad de nuestra gente. Cayeron prisioneros tres Oficiales y los fusilaron en caliente. La tropa se incorporó a las fuerzas Obregonistas. Algunos Oficiales, el Gobernador y yo logramos cruzar el Río Hondo en lanchas improvisadas y nos refugiamos en Belice. Pero como su Majestad el Rey Jorge 5th de Inglaterra, mantenía relaciones Diplomáticas con el gobierno de Obregón, nos dieron la ciudad militar por cárcel dizque por haber violado las Leyes de neutralidad etc. etc.

Entre los jefes militares Beliceños había un Mayor, todos negros, con quien yo hice muy buena amistad a la vez que practicaba inglés y admiraba la indiscutible disciplina inglesa en general.

Aproveché mi amistad con este jefe militar y logré que él y gestionara nuestro libertad porque en realidad no existían delitos. Nos dejaron en libertad pero a condición de que saliéramos de Belice antes de treinta días, sin prórrogas.

Yo aproveché la primero oportunidad y me fuí a La Ceiba, Rep. de Honduras, Centro América, donde según informes la United Fruit Company era dueña de medio país, donde cultivaban los mejores plátanos y piñas de exportación. Inclusive los Ferrocarriles de esa región eran propiedad de tal Compañía.

Yo no tenía pasaporte ni documentos de identificación, pero al solicitar empleo en la Administración, en correcto inglés y someterme a pruebas en el mismo idioma, suplió ventajosamente al pasaporte. Obtuve un buen empleo con magnífico (en dólares) sueldo. En la Administración había 56 empleados en su mayoría yanquis y más o menos armonizamos socialmente, en su sistema y en su ambiente que era el único existente.

Un día viernes, ocho meses después de mi conexión con la negociación, los compañeros de oficina me invitaron para ir a pasar unas vacaciones a la Isla de Utila, balneario que en tiempos de los piratas perteneció a Inglaterra, pero desdé hacía varios años pertenecía a Honduras, Centro América, con la circunstancio de que los cinco mil habitantes de la Isla seguían siendo de origen inglés y las escuelas, Iglesias Metodistas (no había Iglesias católicas) comercios etc. eran de habla inglesa. Solamente existían cinco policías Hondureños y todos hablaban inglés, adaptados al ambiente.

Nos fuimos un grupo de veinte compañeros en un pequeño trasbordador y una hora después llegamos a la mencionado Isla. Nos instalamos en uno de los dos Hoteles que existían y en el primer momento simpatizamos la hija del propietario del Hotel y yo, simpatía que se acentuó durante los días de las vacaciones en la preciosa Isla y que fueron deliciosas.

La Isla de Utila tiene treinta kilómetros de ancho por unos ochenta de largo aproximadamente según informes de los habitantes. Es muy rica en vegetación y hay muy buen ganado vacuno y variedad de frutas deliciosas que llevan a venderá Belice y otros lugares comerciales. Hay (había) criadores de ganado que tienen además frutales simultáneamente y mandan a educar a sus hijos en Inglaterra. Los medianos los mandaban o Nuevo Orleans, y los menos acomodados estudiaban en Belice por la cercanía y más económico naturalmente.

Regresan, unas y otras, educados y con el refinamiento social de los colegios donde estudiaron. Pero al volver a encerrarse en la Isla, viven sedientas de tratar a hombres civilizados y de su categoría social. De todo me había informado yo con detalles durante los días de vacaciones.

Cuando fuimos a liquidar la cuenta del Hotel, observé con beneplácito que la tarifa del Hotel era 50% más barata que en la Ceiba. Así pues, hice cálculos de mis ahorros y descubrí que contaba con ahorros suficientes para pagar ocho meses de Hotel, y como tenía necesidad de un verdadero descanso después de las peripecias y privaciones durante la revolución, decidí quedarme y envié mi renuncia con uno de mis compañeros.

Durante mi permanencia en Estados Unidos yo aprendí algunas canciones en inglés y algo de los bailes modernos de la época, de tal mañero que fácilmente me capté las simpatías de las damitas y sus familiares. Se publicaba una Revista semanal, y al principio comentaban que el extranjero misterioso demostraba respeto a las Leyes y costumbres de la localidad y día tras día conquistaba amistades y simpatías por su caballerosidad.

Efectivamente, por las mañanas acompañaba yo a un grupo de los amigos, a una de las Iglesias y por las tardes a la otra Iglesia.

En esa época no había Radios ni Cine en la población. Pero en las noches nos reuníamos y bailábamos con la modesta orquesta formada por acordeón, violín y guitarra, tocadas por muchachas.

Los domingos organizaban días de campo y cada una llevaba lunch para amenizar los paseos con esplendidez. Algunos veces navegábamos por un río angosto pero muy caudaloso y de paso saboreábamos ostiones que cogíamos de paso por la orilla del río.

Era un placer precisamente de descanso después de las luchas y peligros sorteados con demasiada suerte. Soy muy afortunado.

Un día se corrió la voz de que había llegado a Utila un Barco de cargo propiedad del dueño del Hotel y que negro capitán que la trabajaba a comisión venía a hacer liquidación.

Yo estaba en lo administración del Hotel platicando con el propietario del Hotel y su hija cuando llegó el negrozo, y al verme se acercó o saludarme muy afectuosamente y al corresponderle yo con el mismo afecto causó asombro a las presentes todos ingleses blancos. El negro capitán explicó al dueño del Hotel y del Barco, que yo era uno de los Jefes militares mexicanos que habían transportado al Yate en alta mar y que sentía alegría al verme con vida después de la derrota sufrida en Payobispo. Mis bonos subieron entre mis amistades de la Isla de Utila y yo seguí normalmente disfrutando descanso.

Hoy ya NO hay sorpresas. Las modernas vías de comunicación nos informan cada minuto sobre los acontecimientos mundiales y hasta adelantan próximos sucesos. Pero en 1924 y en aquellos lugares aislados del mundo civilizado, todo era sorpresa.

Un dia llegó al Hotel un matrimonio que al verme me saludaron con un efusivo abrazo. Eran el Ingeniero ex-jefe de Obras Públicas en Payobispo, y su esposa, que venían de vacaciones al balneario de Utila que era famoso en aquellos contornos.

Poco había yo tratado al Ingeniero, pero cuando nos enteramos que los tropas Obregonistas habían llegado a Cozumel y se preparaban para seguir a Payobispo, este Ingeniero me dijo que como él NO era de armas, me suplicaba que le diera un permiso oficial para irse a Belice con su familia y yo se lo concedí, en justicia; pero él quedó muy agradecido por ello.

Posteriormente también él se vino con su familia y consiguió un puesto en los campos fruteros de la United Fruit Company.

Yo ya me consideraba veterano en la Isla y los atendí admirablemente ayudado por mis amigos. El Ing. y su esposa hablaban bien el inglés aunque eran oriundos de la Ciudad de México.

Pero cuando ellos se despidieron confieso que los extrañé al grado de tomar la determinación de irme a la Habana donde tal vez lograría comunicarme con Don Adolfo o con su ex representante. Me informaron que en San Pedro Zula, salían los Vapores para Nueva Orleans y hacían escala en la Habana. Ahí existía Cónsul de México pero se negó a extenderme Pasaporte a la Habana.

Por suerte me enteré que el Administrador de la Aduana de San Pedro había vivido algún tiempo en Payobispo y simpatizaba con todos los mexicanos. Fui a verlo y en seguida me extendió un Pasaporte en tal forma que me lo aceptaron al pagar el boleto del Pasaje. Pero NO llevaba otra identificación para entrar a la Habana. Por fortuna el General Juan Barragán, ex-Jefe de Estado Mayor del Presidente Carranza y quien había salido con mucho dinero al grado de prestarle UN MILLION de dólares al General Gerardo Machado para su compaña política a la Presidencia de Cuba. Al subir al Poder Machado le pagó su préstamo y le regaló la concesión de exclusiva para todos los gasolinerios de la República. Pero además NO le negaba ningún favor al ex Jefe de Estado Mayor del Presidente Carranza. Juanito nunca fue de armas tomar, pero era muy inteligente y hábil en los FINANZAS; por eso vivió como millonario (que era) durante los años que disfrutó en la más hermosa Perla del Caribe.

La Habana era el París de América y donde el obrero ganaba más que los obreros de Estados Unidos y su estándar de vida superaba al de algunos Estados de la Unión Americana.

Así era Cubita la bella, (antes de que el inteligente Fidel Castro y su hermano Raúl la hipotecaran a Rusia).

Juanito Barragán NO tomó parte en la Revolución de la Huertista, pero simpatizaba con todos los enemigos de Obregón y Calles. Así es que consiguió que el General y Presidente Machado, ordenara que a los De la Huertistas refugiados se les considerase como cubanos, sin molestarlos en ninguna forma.

Yo llegué completamente desorientado y con poco dinero. Pero me acordé del nombre de un Dr. (ABOGADO) cubano que conocí en Mérida cuando era yo visitador especial de Aduanas y aunque era mucho mayor que yo, simpatizamos y me dió su dirección en la Habana. Ratifiqué su dirección por medio del Directorio de Teléfono y quedé maravillada al ver que era el Presidente de la Cuban Trading Company (un consorcio azucarero dueño de seis ingenios en la Isla). Me recibió muy cordialmente y después de platicar y saborear el sabroso café cubano recién colado en el auténtico colador chino; me preguntó sobre mis proyectos.

Le dije que estaba esperando órdenes para reincorporarme a la Revolución.

Olvídese de la Revolución, joven amigo. Su Jefe está ya fuera de México. Además, eso se disculpa en la juventud y viejos analfabetos que NO saben ganarse la vida en otra forma.

Usted tiene una gran experiencia administrativa y además domina el idioma inglés que es muy importante. Precisamente le ofrezco un puesto en uno de nuestros Ingenios azucareros, que requiere que el ejecutivo hable bien el inglés y Ud. la habla.

Mañana le resuelvo con mi agradecimiento Don Aurelio (Aurelio Portuendo era el nombre de mi protector espontáneo), y que falleció pocos días después de que Fidel Castro entró a desgobernar aquél ANTERIORMENTE hermosa y rico país, hoy propiedad de Rusia. Consulté la oferta entre algunos compañeros y me suplicaron aceptarlo para ayudarlos pues algunos de ellos, entre los que se contaban los dos hermanos Ramírez Garrido, ambos Generales que NO sabían trabajar mas que en la milicia, pues uno de ellos había sido Gobernador de su Estado Tabasco, y Director del H. Colegio Militar, de cuyo Puesto renunció valientemente ante Obregón, diciéndole que renunciaba porque NO estaba de acuerdo con su política. El otro hermano fue Director de la Policía del D.F. y otros puestos no menos importantes.

Al iniciarse el movimiento de la Huertista, Domingo fungió como Jefe de Estada Mayor del General Enrique Estrada en Jalisco y Calixto como Jefe de Estado Mayor del General Salvador Alvarado en el Sureste. Pero en Cuba pasaban privaciones juntos con sus familias que habían ido a reunirse con ellos.

Yo acepté el Puesto de Gerente de compras del Francisco Sugar Company en Camagüey, y les ayudaba con TRESCIENTOS DOLLARS mensuales a cada uno de ellos (el peso cubana valía igual que el dollar y el standard de vida en cuba superaba al de algunos estados de la Unión Americana).

Tal era la riqueza de aquél hermosa emporio del Caribe, HOY PROPIEDAD DE RUSIA Y RACIONADOS los pobres esclavos igual que en Rusia, por medio de vales.

Los ingenios azucareros (de aquella época) en cuba ostentaban los más modernos adelantos del mundo y yo disfruté de esa esplendidez casi dos años, pues repentinamente me atacó una Colitis ulcerosa ocasionada por quistes de amibas y como los médicos del Ingenio NO lograron aliviarme, me fui a la Habana y me hospitalicé en el Sanatorio del Centro Asturiano, pero no obstante sus adelantos yo sufrí internado tres largos meses y decidí enviar mi renuncia de mi Puesto en Camagüey.

Al salir del Sanatorio medianamente restablecido, me apresuré a buscar nuevos horizontes y al revisar los anuncios periodísticos encontré uno que solicitaba agente de ventas de muebles de primera calidad para oficinas en general y recomendaban acudir temprano al día siguiente a tal dirección, etc.

Por muy temprano que acudí a la cita encontré cuatro antes que yo. La firma se llamaba Morgan & MacAvey Company y su Presidente Mr. Morgan era quien examinaba a los candidatos. Mr. Morgan hablaba algo español, pero examinaba en inglés que era el principal requisito en el anuncio. Fueron desechados los cuatro porque NO hablaban inglés. Cuando me tocó el turno a mi contesté en inglés y empezaron las preguntas. Cuando me preguntó si yo conocía bien la ciudad le dije que regular y además tenía un plano de la misma que me orientaría perfectamente. (2) que si tenía experiencia en ventas y le dije que no, pero que confiaba en ponerme pronto al corriente porque tenía interés en triunfar y sin duda triunfaría.

Me dijo que sus condiciones eran uno prueba de dos meses con el 15% de comisión sobre las ventas brutas. Que adelantaban X cantidad semanal a cuenta de comisiones y que si a los dos meses NO vendía lo bastante para cubrir los adelantos, cesaba la prueba, pero el adelanto quedaba como sueldo y los prospectos reportados por el candidato quedaban en beneficio de la Compañía. Si está usted de acuerdo desde hoy se pondrá a las órdenes de Mr. Halpern (un Austriaco-Alemán con cara de bull dog, jefe de 25 agentes vendedores).

Le pregunté si podría depender directamente de él, aunque NO me dieran anticipos semanales y así la Cía. [Compañía]. No arriesgaba nada.

El Puesto es suyo, me dijo. El hombre que confía en su capacidad tiene derecho a triunfar y triunfará indudablemente.

Me asignaron un escritorio y un archivero para llevar el récord de mis visitas y los prospectos de posibles ventas futuras etc. Todas las mañanas a las 8 en punto llegaba yo a estudiar los catálogos y ventajas de nuestros escritorios, máquinas etc., etc., mientras los agentes cubanos permanecían en la puerta piropeando a las empleadas de los Bancos inmediatos que pasaban por el frente del almacén.

Mr. Morgan llegaba invariablemente o las ocho y media y me encontraba en mi escritorio estudiando los catálogos y anotando los nombres y direcciones de los clientes a visitar durante ese día. Los agentes cubanos estaban en la puerta piropeando a las empleadas de los Bancos que pasaban a esa hora. Lógicamente Mr. Morgan admiró con simpatía visible mi disciplina y, en los dos meses de prueba yo superé con creces lo cuota programada. Se me confirmó el Puesto y yo seguía vendiendo más y más cada mes y trabajando con mayor entusiasmo.

Un día me encontré una nota de Mr. Morgan en mi escritorio, invitándome a subir a su Despacho privado. Subí y me dijo que había despedido a Mr. Halpern, Jefe de ventas, y que para mí era ese Puesto. Me dijo además que ya le había comprado pasaje para que saliera a México en el próximo vapor de la Ward Line que salía cada semana y así NO tendría yo un competidor fuerte como era Halpern, si se hubiera colocado en otra casa en la Habana (Halpern vino y se conectó con H. Steel y Cía. en México, D.F.).

Me asignaron un sueldo atractivo más el 10% de comisión sobre las ventas de todos los vendedores. Pero ardió TROYA. Varios vendedores renunciaron alegando que era injusto que yo, siendo extranjero y nuevo en la Cía., obtuviera ese Puesto que pertenecía a un cubano con varios años de servicio en ventas.

Mr. Morgan aceptó la renuncia de los cuatro rebeldes y dijo que nadie había demostrada mi disciplina y entusiasmo en superar las ventas como lo hacía yo en tan poco tiempo.

Efectivamente, yo dupliqué mis esfuerzos y levantamos las ventas notablemente. Yo cooperaba con los vendedores y les ayudaba a conseguir ventas con clientes difíciles y finalmente armonizamos. Un día me pidió uno de los agentes que lo acompañara a un Laboratorio de productos farmacéuticos cuyo Gerente Yanqui NO hablaba español, pero había un gran prospecto de venta grande. Efectivamente, encontré con el Gerente de la Cía., Medicinal La Campana, la Sucursal en La Habana giraba con el nombre de: William Warner & Company. Nuevamente la ventaja del inglés que me ayudó a asegurar una venta de TREINTA MIL DOLLARES de muebles, que hoy equivaldría a TRESCIENTOS MIL DOLLARES. Efectivamente, el gringo y yo simpatizamos y socialmente nos encontrábamos frecuentemente.

Un día me preguntó Mr. Potter que cuánto ganaba yo en la Cía. de Morgan & MacAvey, y le dije que variaba por la razón de que yo obtenía comisión en los ventas de todos los agentes y sus ventas variaban naturalmente.

Me aclaró que NO era simple indiscreción, sino que él proyectaba abrir una Sucursal en Argentina y !e agradaría prepararme para sustituirlo en Cuba durante su ausencia que sería lógicamente larga porque él quería Organizar el Laboratorio personalmente y le llevaría tiempo. Trataré de mejorar sus ingresos actuales empezando con el Puesto de Sub-Gerente para compenetrarse bien antes de marcharme y entonces se queda como Gerente en mi lugar. Se hicieron cálculos precisos de mis ingresos mensuales y Mr. Potter me mejoró notablemente. Pronto me familiaricé con las fórmulas y sistema de ventas.

Seis meses después Mr. Potter se fue a la Argentina y yo me quedé en su lugar como Gerente.

Un día me anunciaron la visita de un señor Ricardez Broca y confieso que sentí alegría con la esperanza de que se hubiera salvado aquél pobre General a quien ayudé a salir de Payobispo en momentos críticos. Pero era un primo suyo que deseaba conocerme y darme informes sobre el FINAL de su primo. Estos eran gente adinerada de Tabasco. Me contó que el capitán Heraclio Vivas a quien yo comisioné para llevarlo a donde el Gral. [General] ordenase, lo dejó en la Isla Maravillas inmediato a Belice donde el Gral. NO podía entrar. Su novia, mexicana pero hija de ingleses, se había radicado temporalmente en Belice y decidió ir con su Ministro (eran Protestantes) y casarse en la Isla con su novio el Gral. Ricardez Broca. Pero el idilio se rompió antes de un mes y era lógico. En primer lugar la falta de comodidades y comestibles etc., y en segundo lugar el General estaba muerto en vida.

Nuevamente se fue Ricardez Broca a Puerto Cortez Honduras. Un general (indígena analfabeto de los de la reciente revolución triunfante en Honduras, C.A.), le ofreció protección y se lo llevó a una de las Haciendas recientemente incautadas por el dicho general Hondureño. Al principio lo trató muy bien pero poco a poco fue exigiéndole dinero por cada alimento que le daban y éste, al verse perdido, logró escribir a este su primo, e inmediatamente fue a verlo arriesgando su propia vida. Ahí le contó toda su odisea y lo que yo hice por él.

Y por eso este su primo deseaba conocerme ya como civil. Le dijo que estaba seguro de que al terminarse sus ahorros lo asesinarían y que en realidad era lo que él deseaba.

Se despidieron y más tarde un indio, que éste su primo, le había recomendado escribirle inmediatamente que su primo fuese asesinado. Y así terminó la odisea de un hombre deberás inocente, pero ingenuo. No hay duda de que el éxito es de los audaces.

Cuando el interinato del General Abelardo Rodríguez, yo le pregunté a mi amigo el cónsul mexicano, cómo podría yo venir a México (sin peligro) y éste me dijo que como repatriado me harían mil preguntas y era muy peligroso enredarse. Pero que él me expediría simplemente pasaporte de mexicano (que va de Turista a la patria), por seis meses y si en ese lapso de tiempo te gusta y te adaptas, ya puedes quedarte como mexicano que eres sin problema ninguno.

Así lo hice y lo cierto es que me sentía extranjero en mi propia patria. Lo que observé es que NO había Laboratorios medicinales MEXICANOS Y REGRESE A LA HABANA con el firme propósito de volver y organizar unos propios con mis ahorros.

Cuando volví a México ya existían dos Laboratorios genuinamente mexicanos. Yo establecí el mío y en el primer año yo compré mi primera casa con mis utilidades. El segundo año construí el propio Edificio para los Laboratorios y sucesivamente viento en popa; hasta el día en que todo un Sr. Abogado se presentó en mi oficina diciendo que venía de parte del Dr. y Jefe de Compras del I.M.S.S., exigiendo el pago del 10% del importe de la compra que habían aprobado de mis productos y en caso de negativa cancelan el pedido.

Esta situación que se repetía con cada uno de los proveedores y fué el motivo por el cual tomé la firme determinación de liquidar este negocio antes que hacerme cómplice de la corrupción imperante.

Yo, a los 82 años de edad, conservo salud y todos mis facultades, demostrados al narrar PERSONALMENTE en mi vieja máquina, los acontecimientos acaecidos durante mi última actuación REVOLUCIONARIA HACE YA MAS DE MEDIO SIGLO!

No sería correcto suprimir en mis relatos un acto reprobable que cometí en Cozumel, cuando era Comandante Militar y simultáneamente Administrador de la Aduana que, como antes digo, era la única fuente de ingresos para aliviar en parte nuestra penuria y con cuyos ingresos, algunas meses no recibíamos de los derechos de exportación de la resino de chicle y maderas preciosas, ni para abonarles siquiera la mitad de sus suelos a los empleados de la Aduana y la tropa.

Las labores de oficina en la Aduana se terminaban los sábados a las doce del día.

Un sábado llegó a !os once el capitán de un barco noruego que conducía chicle y caoba. Como ya había pagado los derechos de exportación solamente le faltaba el permiso paro salir del Puerto y cuyo permiso debería autorizarlo yo, que también fungía como Capitán de Puerto, aunque no recibía sueldo de ninguno de los tres importantes puestos, porque daba preferencia a los pequeños abonos a mis subalternos.

Una pequeña oficina distante doce cuadras de la Aduana se encargaba de hacer en máquina las solicitudes de permisos para salir del Puerto.

El Capitán del barco noruego, me presentó el documento solicitud de permisos, a las once. Al revisarlo encontré que tenía dos insignificantes errores como "s" en vez de "z" y "c" en vez de "s."

Y yo, en lugar de corregirlos, sencillamente le dije al Capitán que volviera a que le hicieran una solicitud correcta.

El Capitán del barco me dijo, con prudencia, que si lo demoraban en hacer el nuevo documento y él llegaba a la Aduana después de que se hubiese cerrada la oficina, quedaría en el Puerto hasta el lunes y era muy perjudicial para él pagar el sueldo de sus tripulantes dos días sin ningún beneficio.

Pues yo no le recibo eso solicitud con esos errores, le dije.

Se fue el Capitán a que le hicieran un nuevo oficio solicitud, y cuando regresó yo estaba cerrado la oficina. Forzosamente se quedó en Puerto el Capitán, pagando sin beneficio los sueldos de su tripulación, sábado y domingo.

El lunes vino a la oficina el Capitán noruego con la nueva solicitud y no hizo comentarios ni se quejó. Yo autoricé la salida del barco y confieso que me remordía la conciencia, porque en vez de darle facilidades en gratitud de que con sus derechos de exportación nos aliviaba parte de nuestro escasez de dinero, fui con él tan grosero e injusto, que todavía hoy, más de medio siglo transcurrido, recuerdo con vergüenza y propios reproches, este impropio de mi recta conducta en todos los actos de mi vida.

Poco después de esto, fuimos atacados y derrotados en Payobispo y ya en páginas anteriores relato mis aventuras en Belice y Centro América.

Cuando llegué a La Habana, Cuba, y antes de saludar al Dr. Don Aurelio Portuendo, Presidente de la Cuban Trading Co. y que más tarde me favoreció con un importante puesto en uno de sus Ingenios de azúcar en la Provincia de Camagüey, nos reuníamos algunos de los refugiados De la Huertistas, en el Parque Central de La Habana a recordar tristes acontecimientos entre los que mezclábamos los comentarios de que el general fulano y el general sótano habían sido fusilados por los Obregonistas, etc.

Un día estando sentados en bancas del Parque Central, alguien me tocó el hombro por la espalda, y al volver la cabeza vi al mastodonte Capitán noruego, de dos metros de altura, y al reconocerlo, deseaba que se abriera la tierra y me tragara. Sin pretender hacer alarde de valiente confieso que mi molestar no era por miedo, sino por vergüenza al recordar mi mal comportamiento con él en Cozumel.

Preguntó cómo nos habían tratado las Obregonistas y le dije que nos habían desmadrado.

Me invitó a tomar un café, y mientras saboreábamos el sabroso aromático café cubano de aquella época, me dijo lo siguiente:

"Usted no es malo joven Coronel (yo tenía 27 años de edad y él cincuenta), pero a veces los jóvenes se envanecen con los altos puestos, sin acordarse que todo en este mundo es transitorio."

Confieso que si me hubiera abofeteado no me habría dolido tanto como sus benéficos consejos. Nos despedimos afectuosamente y yo me prometí que si algún día volvía a México y ocupaba otra vez puestos públicos, sería lo más cortez con mis semejantes y haría todo el bien posible.

Al recordar, cincuenta y cuatro años después aquel acto reprobable en Cozumel, y criticarme yo mismo severamente, demuestro que nunca antes, y mucho menos después, he perjudicado a nadie; y eso consta al principio de mis apuntes, que fue precisamente un noble rasgo de mi parte al rechazar mi nombramiento de Administrador de Aduana de Reynosa, Tamps., por no perjudicar al entonces Administrador de dicha Aduana, lo que me acercó y obtuve la simpatía y protección de Don Adolfo de la Huerta, uno de los mexicanos más dignos y honestos, a quien la historia debe hacerle justicio, por su honradez y su característica generosidad, en todos los actos de su vida privada y su acrisolada conducta en todos los puestos públicos que desempeñó ejemplarmente.

En el año de 1928 nos reuníamos en los noches en la redacción del periódico El Mundo, donde trabajaban como correctores de pruebas el chato Froilán Manjarrez, que siendo Gobernador de Puebla secundó el movimiento De la Huertista, y José Pereira Carbonell que también secundó dicho movimiento siendo Gobernador de Veracruz, y en La Habana, Cuba, nos mantuvimos muy unidos ellos, varios ex diputados amigos de Don Adolfo, los dos generales Calixto y Domingo Ramírez Garrido y yo; para platicar y enterarnos anticipadamente de las noticias mundiales. Una noche nos sorprendió un Flash que anunciaba el fusilamiento (asesinato) del General Francisco Serrano y sus doce compañeros que con él celebraban su cumpleaños en un restaurante de Cuernavaca.

La noticia de tan mundialmente censurable ASESINATO nos sorprendió a los mexicanos que conocíamos los antecedentes de que el general Pancho Serrano era ahijado de matrimonio del talentoso asesino Obregón, y había sido jefe de su Estado Mayor durante muchos años. Pero como los amigos y simpatizadores del general Pancho Serrano lo postularon candidato a la Presidencia de la República, y Calles había suprimido de la Constitución la NO reelección para lanzar al manco a un segundo período presidencial, Obregón mandó asesinar a su ahijado y ex-jefe de su Estado Mayor, como antes mandó asesinar al Presidente Carranza en Tlaxcalantongo, y eliminaba a sangre fría a todo el que se atravesaba en su camino de ambiciones.

Y fue precisamente el general Juan Méndez, compadre del general Serrano y el cual fungía como comandante militar de Morelos y esbirro incondicional de Obregón, quien en Huitzilac dirigió el fusilamiento (asesinato) del simpático y popular general Pancho Serrano con el pretexto de que él y sus amigos tramaban un levantamiento.

Pero ni siquiera simularon un consejo de guerra! Antes de terminar este triste y vergonzoso suceso, es importante mencionar un acontecimiento digno de los cuentos de las mil y una noches:

"Cuando llevaban, a pie, escoltado al grupo de revolucionarios (?) desde el restaurant donde conspiraban (?) por un callejón obscuro de Cuernavaca (de hace justamente cincuenta años); el licenciado Francisco Santa María que era uno de los del grupo de conspiradores (?), se arriesgó aprovechando la abscuridad y como era uno de los últimos de la infantería de prisioneros, simplemente se escondió entre los matorrales del oscuro callejón y no lo notaron.

Así se salvó de ser fusilado (asesinado) el licenciado Francisco Santa María, quien años después fue gobernador de su Estado, Tabasco.

Si después de estos lamentables asesinatos México hubiese logrado realizar los ideales y postulados de la auténtica revolución, cabría la conformidad, si tuviéramos prosperidad a cuando menos a nuestros campesinos y clases humildes mitigando su hambre y educarse.

Pero lamentablemente, a nombre de aquella Revolución que con raras y honrosas excepciones, algunos de nuestros ex gobiernes no sufrieron ni a control remoto siquiera la conocieron se dedican a derrochar en caprichos y frivolidades, el pobre tesoro de la nación, sin importarles la miseria de nuestros campesinos y mil grupos de menesterosos que deambulan en varias regiones de nuestra atormentada Patria, sin recibir la menor ayuda de los demagogos e hipócritas ex gobernantes, que simulando ser protectores de las clases humildes, disfrutan en beneficio personal y de sus familiares, el dinero que deberían emplear en educarlos y mejorar la técnica de nuestro agricultura para alimentarlos y evitar la hecatombe que nos amenaza, si no nos decidimos a trabajar sin tregua y unidos. Porque no existe ejército ni poder humano capaz de detener a un pueblo hambriento.

Hace más de medio siglo que por lanzarse a la revolución, más de un millón de campesinos dejaron de cultivar la tierra y sin embargo nunca faltaron granos para alimentar al pueblo.

Hoy, sesenta años después, y en aparente paz, tenemos necesidad de importar de Estados Unidos y Canadá (cuyas técnicos debemos aprender), más del cincuenta por ciento de nuestros indispensables productos alimenticios.

Protección a quienes en verdad trabajan, señores gobernantes; en vez de lanzar a las vagos viciosos a expropiar el fruto del esfuerzo de los verdaderos luchadores.

Nunca olvidaré las frases y lamentos de un auténtico revolucionario, la noche que en la redacción del periódico El Mundo, en la Habana, Cuba, nos enteramos del asesinato del general Pancho Serrano y compañeros: El general Domingo Ramírez Garrido, revolucionario auténtico que desde 1910 siendo casi un niño se lanzó a la revolución, se expresó en la siguiente forma:

Es lamentable tanta traición a nuestra Revolución, nos levantamos en contra de Don Porfirio dizque porque era muy ladrón y asesino.

Según estadísticas comprobadas; después de treinta años de gobernar, Don Porfirio sólo tenía la residencia que su esposa heredó de su padre. Mientras Obregón, Calles y socios, tienen varias amantes y, a cada una le obsequiaron casa propia y derroches de lujos.

En cuanto a asesinatos, Don Porfirio no fue una paloma, pero si lo hizo fue con discreción y creo que no más de treinta en sus treinta años de su dictadura, mientras que Obregón y Calles, son mayoristas y no se ocultan, yo repito palabras textuales de aquel auténtico revolucionario y añado que existían mayores garantías en plena revolución, que en tiempos de Obregón y que hay en aparente paz.

Un auténtico Veterano de la Revolución no puede, ni debe ignorar la benéfica labor que otro auténtico defensor de los obreros desarrolla, sin vanidad ni ostentaciones, el insigne veracruzano Don Fidel Velázquez. Yo no conozco, personalmente a Don Fidel, pero como Veterano de la Revolución he seguido con interés los beneficios que este inteligente líder ha logrado para esos puntales que sostienen al edificio de la nación, sin los cuales el techo se derrumbaría inevitablemente.

Pero lo más ventajoso y por lo mismo digno de elogio y respeto, es que no solamente ha mantenido, inteligente y patrióticamente la unidad de los obreros y patronos, sino que hábilmente ha frenado a los gremios obreros para que no se (desboquen) avoracen pidiendo exagerados aumentos de jornales que pudieran ocasionar la quiebra de pequeñas industrias o la suspensión de labores de las grandes por incosteabilidad.

Con este acierto de evitar distanciamientos entre las dos partes que son la base de la estructura económico de la nación, el señor Velázquez ha demostrado su extraordinario talento y patriotismo ejemplar que todos los mexicanos debemos de secundar.

El siguiente paso a ejecutar, y que confío que en su oportunidad lo dará Don Fidel, es lanzarse al campo y proteger mediante sólida y honesta sindicalización a nuestros campesinos que hasta hoy han permanecido olvidados y explotados por los falsos líderes del campesino.

Es urgente que a la mayor brevedad posible gestione usted que se elimine a esos falsos líderes de campesinos y los substitutya con los más hábiles técnicos de su bien organizado grupo, para restaurar las pérdidas ocasionados por los ineptos y falsos, líderes; granos que requiere nuestro pueblo para alimentarse debidamente y lograr nuevas generaciones, física y mentalmente fuertes.

En lo que yo no estoy de acuerdo con Don Fidel, y lo expreso con la sinceridad y franqueza que me caracteriza, es en la semana de cuarenta horas.

Para restaurar el déficit agrícola ocasionado por los falsos líderes del incauto campesino hambriento, así como para organizar y hacer industrias prósperas, es necesario trabajar cuarenta y ocho o más horas seranéales.

Desplegar el máximo de las fuerzas técnicas y físicas de obreros y campesinos mediante hábil dirección de líderes patriotas o cuando menos honestos.

Si el inteligente patriota Don Fidel Velázuqez, reconoce esta imperiosa y urgente necesidad de acción y más acción y dirige sus campañas reconstructivas hacia esta dirección, aplicando su indiscutible pericia y sus reconocidas e inflexibles energías, la reacción favorable de obreros y campesinos, colocará a México como uno de los países más prósperos y respetables de hispano América, antes de terminar el sexenio.

El Presidente López Portíllo, aconseja duplicar esfuerzos, yo sugiero triplicarlos y luchar unidos trabajando sin tregua en beneficio de nuestra atormentada Patria.

Basta ya de ocupar el primer lugar en deudas y en vagancia. Suprimir los días festivos que son sinónimos de vagancia, como el día del Compadre, del tío, del primo, del cuñado, etc., y dediquémonos a trabajar, con amor al trabajo.

Desechemos el perjudicial y odioso mañana y actuemos hoy mismo si queremos prosperar.

Esto aconseja angustiado un Veterano que, a los ochenta y tres años de edad abandona diariamente la cama a las seis de la mañana y después de sus ejercicios gimnásticos y desayunarse, desarrolla sus actividades con el optimismo y energías que le son características, durante su vida de luchador incansable.

Con este ejemplo he predicado a mis dos hijos y hoy disfruto de lo inmensa satisfacción de verlos en plena prosperidad y luchando con el optimismo y energías que les inculqué desde su tierna infancia.

Con mi olfato de observador y mi experiencia adquirida durante los años de incesante lucha, veo con beneplácito la simpatía y unión de Don Fidel con uno de los gobernantes estatales norteños de reconocida cultura y talento extraordinario.

Esa unión es precursora de grandes y valiosos acontecimientos en el próximo futuro de nuestra política nacional e internacional, que servirá de base a las futuras generaciones.

Es la unión del Veterano de enorme y rica experiencia en defensa de nuestras clases humildes, respaldada por la vigorosa juventud y joven pero valiosa experiencia demostrada por el mencionado gobernante estatal norteño de incalculables dimensiones políticas en beneficia de nuestra patria.

Acapulco, Guerrero, Junio 5 de 1978.

Bibliography

Alvarez, A. (2017). [Recorded by A. Alvarez]. On *Un Nuevo Amanecer (A New Dawn)*. Baton Rouge, LA. Retrieved from https://www.angelaalvarez.com.

Chapa, J. B. (1997). *Texas and Northeastern Mexico, 1630-1690.* (W. C. Foster, Ed., & N. F. Brierley, Trans.) Austin, TX: University of Texas Press.

Conklin, D. (1975). *Montana Historic Preservation Plan.* Helena, MT: Montana Dept of Fish, Wildlife & Parks.

Conklin, D. (2002). *Montana History Weekends: 52 Adventures in History.* Guilford, CT: Globe Pequot Press.

Conklin, D. G. (2020). *The Descendants of Jose Antonio Guerra.* Kalispell, MT: David G. Conklin. Published privately by the author. Moore Graphics, Youngtown, Arizona. 166pp.

Guerra, F. (2019, Apr 14). Florencio Guerra Family History Video Interview. (D. G. Conklin, Interviewer)

Guerra, J. (2019, Jan 10). Judy Guerra Family History Video Interview. (D. G. Conklin, Interviewer)

Jowett, P. (2006). *The Mexican Revolution 1910-1920.* NY: Osprey Publishing Ltd. 64pp.

Jowett, P. (2018). *Latin American Wars 1900-1941.* NY: Osprey Publishing Ltd. 48pp.

Machado Jr., M. A. (1972, Jan.). The United States and the De la Huerta Rebellion. *The Southwestern Historical Quarterly, 75*(3), 303-324. Retrieved Dec 16, 2021, from http://www.jstor.org/stable/30238152

Index

A

Allende, Salvador, 43, 58, 59
Alvarado, General Salvador, 34, 73
Asturian Center Sanatorium, 34

B

Barragán, General Juan, 31, 71, 72
Belize, 7, 12, 17, 19, 20, 22, 23, 25, 26, 27, 30, 38
Blanco, General Lucio, 7, 52
British Honduras. *See* Belize

C

Calles, Plutarco, 4, 14, 18, 32, 39, 46, 56, 61, 66, 72, 83, 85
Camagüey, 32, 34, 36, 73, 74, 81
Campeche, 12, 22, 54, 64
Cancún, 17, 42, 57
Carbonell, José Pereira, 39, 82
Carranza, Venustiano, 4, 9, 10, 31, 39, 53, 71, 83
Carrillo Puerto, Felipe, 21, 64
Castro, Fidel, 31, 33, 43, 72, 73
Chapa, Juan Bautista, iii
Chetumal. *See* Payo Obispo
chicha, 20
Chiclera Company, 18
Conklin, David Gene, iv
Constitutionalist, 7
Cortez Ordóñez, Miguel, 14, 56
Cozumel, 5, 12, 13, 14, 16, 17, 19, 24, 30, 32, 42, 43, 54, 55, 56, 57, 61, 66, 70, 79, 81, 82
Cuba, iii, vi, 7, 13, 23, 30, 31, 32, 33, 34, 37, 41, 44, 55, 58, 71, 73, 77, 81, 82, 85

Cuban Trading Company, 32, 33, 72
Cuernavaca, 39, 40, 83

D

De la Huerta, Adolfo, vi, 4, 6, 9, 12, 13, 14, 15, 21, 22, 30, 33, 39, 44, 50
Diaz, Porfirio, 46, 85

E

Echeverría, Luis, 43, 59
El Manco. *See* Obregón, Alvaro
El Mundo Newspaper, 39, 45, 82, 85
Estrada, Brigadier General Carlos, 12

F

Francisco Sugar Company, vi, 34, 35, 73
Frontera, 12, 54

G

Garza Zamora, General Tiburcio, 5
Guerra, Abel, iii, v, vi, 1, 3, 4, 5, 6, 8, 45
Guerra, Florencio, iii
Guerra, Mary, iii, 5
Guerra, Texas, 5

H

Havana, 30, 31, 32, 33, 34, 37, 39, 41, 45
Hernández, Lt. Colonel Eladio, 18, 19, 21, 61, 62, 64
Honduras, v, vi, 7, 18, 19, 23, 26, 27, 29, 30, 38, 61, 62, 67, 68, 78

Huerta, Victoriano, 8, 50, 52
Huertista, 51, 52, 72, 73, 82
Huertistas, 7, 18, 39, 50, 60, 72, 81
Huitzilac, 40, 83

I

IMSS Company, 41
Isla de Mujeres, 17, 57
Isla del Carmen, 12, 54

J

Jalisco, 14, 34, 56, 73

L

La Ceiba, vi, 26, 27, 28, 67
Lewis, Paul, 7
López de Lara, General César, 9

M

Machado, General Gerardo, 31, 71
Madero, General Raúl, 8, 52
Manjarrez, Froilán, 39, 82
Maravillas, 38, 77
Mayan Indians, 18, 19
McAllen, Texas, 5, 7
Méndez, General Juan, 39, 83
Mérida, 14, 18, 33, 56, 61, 72
Mexican Revolution, vi, 1, 4, 5, 45
Mexico City, 7, 14, 30, 37
Morgan & MacAvey, 36, 37, 74, 77

N

Norwegian, 16, 32
Nutrican, 7

O

Obregón. *See Obregón, Alvaro*
Obregón, Alvaro, vi, 4, 6, 15, 50

Obregonistas, 17, 18, 20, 24, 32, 57, 61, 62, 66, 67, 70, 81

P

PABTS Laboratories, 7
Payo Obispo, 12, 17, 18, 19, 21, 22, 23, 24, 30, 31, 38
Payobispo. *See* Payo Obispo
Portes Gil, Emilio, vi, 10, 11, 53
Portillo, José López, 43, 59
Portuendo, Dr. Aurelio, 32, 33, 73, 81
Progreso, 12, 54
Puerto Cortez, 19, 20, 21, 38, 78
Puerto Juárez, 17, 57

Q

Quintana Roo, 15, 18, 21, 42, 57, 58, 61, 64

R

Ramírez-Garrido, Domingo, 34, 39, 45, 46
Rancho El Colorado, 4
Ricardez Broca, General Juan, 15, 18, 19, 21, 22, 23, 38, 57, 60, 62, 63, 65, 66, 77, 78
Rodríguez, Abelardo, 41, 78
Rodríguez, Colonel, 21, 22
Rojas, General Atanasio, 15, 19, 21, 23, 24, 25, 57, 62, 64, 66

S

San Pedro Sula, 30, 31
Sánchez, General Guadalupe, 14, 56
Santa María, Francisco, 40, 83, 84
Serrano, General Francisco "Pancho", 39, 40, 45, 83, 85
Serrano, Jorge Diaz, 43, 59
Swanson, Jessica, iii

T

Tabasco, 17, 18, 34, 38, 40, 57, 60, 73, 77, 84
Tamaulipas, 8, 9, 10, 33, 52, 53
Tlaxcalantongo, 9, 39, 83

U

United Fruit Company, vi, 1, 4, 9, 17, 23, 30, 31, 44, 67, 71
Utila, 26, 27, 28, 30, 68, 70

V

Valderrama, 10, 53
Velázquez Sanchez, Fidel, 46, 47, 48, 49, 86
Veracruz, 11, 14, 21, 39, 46, 54, 56, 64, 82
Villa, Pancho, vi, 9, 50, 53, 60
Villahermosa, 12, 54
Vivas, Heraclio, 17, 19, 24, 38, 66, 77

W

William Warner & Company, 37, 76

Y

Yucatán, 5, 15, 18, 57, 60
Yucotéco, Captain X, 18, 21

Z

Zapatistas, 4

www.ingramcontent.com/pod-product-compliance
Lightning Source LLC
Chambersburg PA
CBHW070941080526
44589CB00013B/1605